BUZZ

© 2019 Gelong Thubten / © 2020 Buzz Editora

Título original: *A monk's guide to happiness*
Publicado originalmente em inglês pela Hodder & Stoughton Limited

Publisher ANDERSON CAVALCANTE
Editoras SIMONE PAULINO, LUISA TIEPPO
Assistente editorial JOÃO LUCAS Z. KOSCE
Projeto gráfico ESTÚDIO GRIFO
Assistente de design STEPHANIE Y. SHU
Tradução BRUNO MATTOS
Preparação SUELEN LOPES
Revisão VANESSA ALMEIDA, ANTONIO CASTRO

Dados Internacionais de Catalogação na Publicação (CIP)
de acordo com ISBN

T532g
   Thubten, Gelong
   Lições de um monge para viver no século 21/ Gelong Thubten;
   Tradução: Bruno Mattos.
   São Paulo: Buzz, 2020.
   224 pp.

   ISBN 978-65-80435-59-3

   1. Autoajuda. I. Mattos, Bruno. II. Título.

	CDD-158.1
2020-368	CDU-159.947

Elaborado por Odilio Hilario Moreira Junior CRB-8/9949

Índice para catálogo sistemático:
1. Autoajuda 158.1
2. Autoajuda 159.947

Todos os direitos reservados à:
Buzz Editora Ltda.
Av. Paulista, 726 – mezanino
CEP: 01310-100 São Paulo, SP
[55 11] 4171 2317 / [55 11] 4171 2318
contato@buzzeditora.com.br
www.buzzeditora.com.br

LIÇÕES DE UM MONGE PARA VIVER NO SÉCULO 21

GELONG THUBTEN

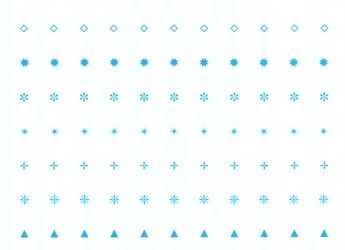

*Dedicado a Akong Tulku Rinpoche
e à minha mãe*

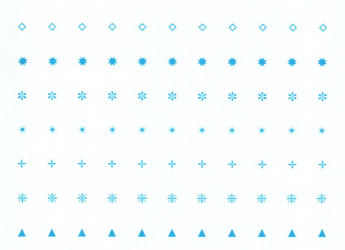

1 ∻ O QUE É FELICIDADE?
9

2 ✦ PROGRAMADO
PARA SER FELIZ
21

3 ✳ STRESS NO SÉCULO 21
31

4 ❖ MEDITAÇÃO
E *MINDFULNESS*
47

5 ◇ COMEÇANDO
65

6 ✳ CRIANDO O HÁBITO
85

7 ✳ MAIS A FUNDO
107

8 ✳ A FELICIDADE É
UM ESFORÇO CONJUNTO
129

9 ✢ COMPAIXÃO
151

10 ✳ PERDÃO
177

11 ▲ ENERGIZE SUA PRÁTICA
195

Posfácio 220

Agradecimentos 221

Sobre o autor 223

1

O QUE É FELICIDADE?

EM JUNHO DE 2009, CONCLUÍ UM RETIRO DE MEDITAÇÃO que havia durado 4 anos. O programa intensivo contou com outros vinte monges e foi realizado em uma antiga fazenda remota na Ilha de Arran, na Escócia. Ficamos completamente isolados do mundo exterior, sem telefone, internet ou jornais. Recebíamos nossa comida das mãos de um zelador, que morava fora do local do retiro, e seguíamos uma agenda rigorosa que incluía de doze a catorze horas diárias de meditação, em geral praticada de forma solitária em nossos quartos. Esse programa foi seguido de forma idêntica todos os dias durante 4 anos. Tínhamos permissão para conversar um pouco durante as refeições e nos breves intervalos entre as sessões, mas as coisas ficaram mais intensas no segundo ano, quando fizemos um voto de silêncio que durou cinco meses.

Eu nunca havia vivenciado um retiro tão longo, e foi incrivelmente difícil. Lembro de pensar que aquilo era como passar por uma cirurgia cardíaca sem anestesia: eu me via encurralado pelos pensamentos e sentimentos mais dolorosos, sem possibilidade de distração ou escapatória. Esse tipo de retiro é um método radical de treinamento meditativo, praticado em muitos monastérios budistas do Tibete. O ambiente de total imersão e a intensa agenda de longas sessões de prática meditativa levam os meditadores a estabelecer uma amizade com a própria mente. Em muitos momentos, esse foi o período mais infeliz da minha vida, mesmo que por fim tenha me ensinado muito sobre a felicidade. Aprendi que a felicidade é uma *escolha*, algo que podemos encontrar dentro de nós mesmos.

Os outros monges e eu não tínhamos a mínima ideia do que se passava no mundo externo. Muitas coisas que aconteceram durante esse período impactaram nossa cultura: tecnologias revolucionárias, como o lançamento e o uso difundido do iPhone, o surgimento do YouTube, Twitter e Facebook, além de diversos acontecimentos históricos, como a eleição de Obama, a crise financeira e a execução de Saddam Hussein. O professor de nosso retiro conferia como estávamos a cada poucos meses e nos dava algumas pistas do que estava acontecendo. Soubemos que havia surgido "uma coisa chamada Facebook, onde as pessoas pedem para se tornar suas amigas, e você se sente culpado demais para recusar". Ao escutar isso, nós o fitávamos com olhos arregalados e especulativos.

Quando saí de lá e voltei ao mundo "normal", no que mais reparei foi a velocidade das coisas: tudo e todos se moviam rápido demais. Os smartphones haviam se tornado onipresentes; o BlackBerry se tornara algo da época das cavernas. Ao caminhar por Londres, me senti como se tivesse aterrissado em meio a um "apocalipse zumbi". As pessoas pareciam perambular em um transe hipnótico, com os rostos mergulhados em telas. Também percebi que, nas estações de metrô, os anúncios publicitários que cobriam as paredes ao lado das escadas rolantes agora continham imagens digitais em movimento, e fiquei zonzo ao vê-las passando por mim. Talvez as pessoas "lá fora" não houvessem reparado que as coisas estavam esquentando, mas meu retiro e posterior retorno me deram uma nova perspectiva sobre como as coisas haviam se acelerado. Também percebi uma mudança de humor: a maioria dos noticiários apresentava um tom um pouco histérico, replicando as histórias de terror que invadiam os celulares das pessoas a cada instante e as deixavam sem escapatória. Nossa relação com a informação mudou completamente no século 21: sabemos coisas demais. Até mesmo a forma como consumimos as informações (de modo efêmero e fragmentado, deslizando pelo *feed* de nossas redes sociais) mudou a forma como processamos a realidade.

Após deixar o retiro, também fiquei impactado ao perceber que o costume das pessoas de buscar gratificações instantâneas para se sentirem "felizes" atingira um novo patamar e, mesmo assim, elas continuavam insatisfeitas. Quando comecei a interagir com tudo isso, fui tomado por uma forte sensação de que a meditação era exatamente o que o mundo de hoje precisa. Não se trata de um luxo, mas de uma questão de sobrevivência. Desenvolvi um grande interesse pela felicidade verdadeira e duradoura e por seu real significado. Assim, passei a me dedicar com maior comprometimento ao ensino da meditação em diversos ambientes, como escolas, universidades, hospitais, clínicas de reabilitação e prisões, além de empresas globais de tecnologia e diversos ambientes de trabalho caracterizados por alto nível de stress.

"PICO" DE FELICIDADE

Descobri que muitas pessoas buscam um tipo de felicidade que se resume a uma sensação efêmera: um "barato", uma injeção intensa de energia no coração. Mas, ao que parece, isso nunca dura muito, e assim que o "barato" passa elas sofrem de abstinência.

Vivemos em uma época em que se enfatiza muito a importância de nos sentirmos bem. Buscamos um "pico" de felicidade, como o que acontece ao ingerimos açúcar, e assim pulamos de uma tendência a outra, tentando estimular e satisfazer cada um de nossos sentidos ou, não raro, todos eles ao mesmo tempo.

Muitas das comidas e bebidas que consumimos criam essa falsa "turbinada": açúcar, aditivos, café, guloseimas repletas de carboidratos... Se nos sentimos cansados no meio da tarde, recorremos a uma barra de chocolate e/ou um pouco de cafeína para nos sentirmos melhor. Há uma marca de batatas fritas cujo slogan publicitário é: "Quando você experimentar, não vai saber parar" – e, de fato, os ingredientes desse alimento podem nos levar a comer o pacote inteiro de uma vez só. Será possível encontrarmos alguma satisfação a longo prazo?

Se assistirmos a filmes e programas de televisão atuais e os compararmos com os de outras épocas, uma das maiores diferenças que perceberemos é que as filmagens mais recentes costumam conter cenas rápidas e empolgantes que estimulam nossos sentidos. Filmes, programas de televisão, comerciais e videoclipes podem conter centenas de frames espremidos em meros dois minutos. Em boa parte, isso se deve ao fato de que nos distraímos muito e estamos viciados em atiçar nossos sentidos o tempo todo. Um filme antigo no qual a câmera permanece em uma mesma cena em preto e branco por um longo período nos parece entediante. Hoje, filmes assim são considerados *cult* e não participam do circuito comercial. Somos atraídos por experiências empolgantes e estimulantes, que refletem a maneira como vivemos.

As redes sociais propiciaram um grande sentimento de conexão, mas também de isolamento profundo. Perdidos em nossas telas, consumimos imagens de outras pessoas comendo seu almoço enquanto comemos o nosso, e o ato de se sentar e curtir o momento nos parece cada vez mais entediante. As experiências simples se tornaram difíceis para nós; em vez delas, ansiamos por estímulos múltiplos: comemos com a televisão ligada ou checando as redes sociais enquanto escutamos música. Não demora muito para começarmos a achar as coisas sem graça, e assim vamos nos agarrando a uma experiência após a outra, sem que isso jamais pareça o bastante. Nos viciamos em *likes*, nas mais recentes quinquilharias do mercado ou em *qualquer coisa* que acreditemos ser capaz de nos dar algum prazer. Estamos cansados, nossos corpos estão funcionando à base dos hormônios do stress, cortisol e adrenalina. Nossos corpos ficam sobrecarregados de compostos químicos tóxicos e continuamos a alimentá-los com eles, ficando cada vez mais exaustos, indispostos e com vontade de mais. Nossos anseios geram novos anseios, e nesse ciclo perpetuamos hábitos que fazem com que nada nos satisfaça, pois nossa mente já partiu em busca do próximo estímulo. É como uma fome insaciável que nos leva a questionar o tempo todo: "Quando as coisas vão dar certo para mim? Quando me sentirei realizado? Qual é a próxima etapa?". Será que felicidade é *isso*?

O principal composto químico do cérebro envolvido nesse tipo de "pico" de felicidade é a dopamina, e o interessante é que ele surge *antes* de conseguirmos o que queremos para depois sumir. Quando estamos *prestes* a comer um pedaço de torta ou estamos nos preparando para uma festa, somos tomados pela empolgação da expectativa, mas nosso nível de dopamina cai assim que comemos o bolo. Portanto, nossa vida gira em torno da antecipação. Os animais atingem o pico de dopamina quando acham que estão prestes a ser alimentados. O momento mais empolgante é sempre aquele em que as coisas estão "prestes a acontecer". "Quando eu for rico", "quando eu encontrar a pessoa certa", "quando eu tiver o corpo que desejo"... Nunca chegamos lá, pois dessa antecipação nasce o hábito de olharmos sempre para a próxima coisa, e assim nunca sentimos que chegamos de verdade a algum lugar. Nossa felicidade sempre tem um "se", um "quando" ou um "porquê".

FELICIDADE VERDADEIRA E DURADOURA

Por toda nossa vida, acreditamos no mito de que devemos "alcançar" a felicidade: basta acertarmos alguns detalhes externos de nossa vida e então seremos felizes. Isso não é felicidade, mas uma forma de escravidão.

Parece que vemos a felicidade, e também o sofrimento, como coisas que simplesmente *acontecem* a partir do "exterior". No entanto, não há dúvidas de que nossos pensamentos e reações são o real fator decisivo. Se pensarmos que as pessoas discordam a respeito do que as tornam felizes ou infelizes, perceberemos que esses estados são experiências mentais que ocorrem dentro de nós, e não a partir das coisas ao nosso redor.

O objetivo deste livro é nos voltarmos para dentro de nós mesmos, a fim de encontrarmos a fonte para nossa felicidade. Não acho que a felicidade é um sentimento aleatório que nos atinge se dermos sorte. Na verdade, eu a vejo como uma *habilidade* que podemos aprender, o resultado de um treinamento mental, e acredito que somos programados em nossa essência para encontrá-la. Através do aprendizado da meditação e da prática de *mindfulness*,[1] podemos *optar* por ser felizes, *independentemente de qualquer coisa*. Sem essas ferramentas, é possível que vejamos a nós mesmos sempre como vítimas do que poderia ou não ter acontecido.

Claro, há muitas pessoas que estão passando por momentos extremamente difíceis e para quem até mesmo a vaga possibilidade de ser feliz parece muito remota. Às vezes, quem está nessa situação não pode fazer nada além de tentar sobreviver. No entanto, depois que essas pessoas encontrarem algum alívio, poderão ver na meditação uma forma eficaz de defesa frente às dificuldades vindouras. Isso ajuda a tornar nossa mente resiliente,

---

1 Também chamada de "plenitude", no contexto deste livro. [N. T.]

dando-nos a capacidade de superar até mesmo as situações mais difíceis.

FELICIDADE É LIBERDADE

Como é a *sensação* de felicidade? É sentir-se completamente no presente, sem a necessidade de se ater ao passado ou remoer pensamentos sobre o futuro; é estar bem aqui, neste instante, sentindo-se pleno. Há um sentimento de *liberdade*: quando estamos genuinamente felizes, nós nos sentimos livres dos desejos e de outras emoções conflitantes. Ficamos livres do *desejo* de felicidade. Quando estamos *procurando* essa felicidade, há uma sensação de voracidade, de incompletude, e nos emaranhamos na expectativa de conseguir o que queremos e no medo de não conseguir. Sentimo-nos capturados pela incerteza. Achamos que só poderemos ser felizes quando atingirmos nossas metas, o que implica deslocar o foco de nossa vida sempre para o futuro e jamais voltá-lo para o momento presente.

Em geral, nossa mente não parece livre. Os pensamentos e as emoções criam uma tempestade dentro de nós, e não raro nos tornamos escravos deles. Podemos nos flagrar a todo momento "discutindo" com a realidade e desejando que as coisas fossem diferentes. A felicidade requer o domínio de nossos pensamentos e de nossas emoções e o acolhimento das coisas como elas são. Ou seja, precisamos relaxar e parar de tentar manipular as circunstâncias. Se aprendermos uma maneira de nos concentrarmos no momento presente, mesmo diante das dificuldades, e treinarmos nossa mente para não julgar, é possível descobrir uma fonte imensa de felicidade e de satisfação dentro de nós. Talvez assim nós comecemos a nos dar conta do quanto insistimos em buscar fontes "externas" de conforto.

Se imaginarmos alguém em uma situação perfeita, sentindo-se totalmente feliz, e examinarmos o que essa pessoa está sentindo, identificaremos um estado mental cujo aspecto mais importante é a "completude". Essa pessoa tem *liberdade*. Os sentimentos de paz, completude e ausência de medo ou belicosidade são estados mentais. Como vimos, costumamos pensar que "coisas" vão nos fazer feliz. No entanto, se a felicidade é uma experiência da mente, por que não poderíamos nos livrar dos intermediários e partir direto em busca dela?

MEDITAÇÃO E FELICIDADE

Escrevi este livro porque adoro ajudar as pessoas a perceberem que é possível *optar pela felicidade*, e queria mostrar a todos como é possível aprender isso através do poder da meditação. Ela nos ajuda a acessar o que parece ser um grande poço dentro de nós, cheio de uma água nutritiva que podemos beber sempre que quisermos.

Em vez de sentirmos que nossa vida está saindo do controle devido ao stress, à solidão e à insatisfação que dominam nossa mente, podemos nos conectar de forma mais profunda com nosso interior e nos tornarmos mais centrados, mesmo nas situações mais caóticas. Tanto a nossa felicidade como os nossos problemas dependem de nosso estado mental, mas, mesmo assim, muitos de nós passamos pela vida sem descobrirmos muito sobre a mente e seu verdadeiro potencial. Se quisermos que este mundo tenha algum sentido para nós, é urgente entender nossa mente. A meditação e o *mindfulness* são ferramentas poderosas para uma revolução interna total.

MITOS SOBRE A MEDITAÇÃO

Há muitas ideias equivocadas sobre a meditação e o *mindfulness*, e espero que este livro ajude a esclarecê-las.

"Eu adoraria meditar,
mas minha mente é muito atribulada."

Muitas pessoas acham que o propósito da meditação é acalmar ou silenciar a mente e, por sentirem que sua mente é realmente muito ativa ou atribulada, sequer tentam fazer isso. Mas a *quantidade* de pensamentos que nos ocorrem não é relevante para meditar; a questão não é limpar ou esvaziar a mente, tampouco entrar em transe – isso nunca daria certo e não teria qualquer valor. A meditação transforma nossa relação com nossos pensamentos e emoções; seu objetivo não é se livrar deles.

Há quem encare a meditação como uma forma de escapismo que pouco tem a ver com uma vida atribulada, ou quem a veja apenas como uma forma de reduzir o stress e manter a tristeza sob controle – como a dieta ou o exercício físico para aqueles que desejam controlar o peso. Algumas pessoas até a encaram como uma prática totalmente egoísta. Talvez a origem desses mitos seja a falta de informação ou falsas pressuposições. A meditação não é um tratamento de spa, mas uma forma de nos conectarmos com nossa essência e nos tornarmos quem somos de verdade, e o *mindfulness* é uma técnica para aplicar essa consciência a qualquer situação. Nossa consciência é a chave para tudo, e o interesse crescente pelo *mindfulness* em nossa cultura reflete um novo passo da evolução humana: as formas de vida evoluem em resposta ao seu ambiente, e parece que o nosso mundo cheio de tensões está nos impelindo à meditação por questão de sobrevivência.

Hoje eu também tenho um smartphone e viajo cerca de trezentos dias por ano. Também fui plenamente integrado ao ritmo apressado da vida moderna, e não sei como faria para suportar isso se não meditasse todos os dias. Mas o mais importante é que a meditação me ajudou a aprender mais sobre a felicidade.

Este livro pretende ajudá-lo a criar felicidade ao trazer a meditação para o centro de sua vida cotidiana – não apenas para reduzir o stress e aumentar seu controle sobre os próprios pensamentos e suas emoções, mas também para descobrir o grande potencial da empatia e da liberdade incondicionais que existe em sua mente. A felicidade está dentro de você, à sua espera.

2

PROGRAMADO PARA SER FELIZ

SEGUNDO A FILOSOFIA BUDISTA, SOMOS PROGRAMADOS para a felicidade; ela é um programa instalado em nosso "disco rígido". Podemos ser felizes porque essa é a nossa verdadeira natureza. E é por isso que tudo simplesmente parece certo quando estamos felizes: o sofrimento nos parece contrário ao modo como as coisas devem ser. No fim das contas, somos mais que nossos problemas e dores, e talvez o fato de você ter escolhido este livro sugira que, bem no fundo, você acredita ser capaz de acessar a felicidade que traz dentro de si.

A LIBERDADE INTERIOR

Como vimos no Capítulo 1, a felicidade genuína é, na verdade, um estado de liberdade. Ser livre é o que existe de mais importante para nós, humanos: não queremos ser controlados pelos outros e sabemos que merecemos ter a liberdade para fazer ou ser o que quisermos. Tivemos que lutar arduamente por isso, e vencemos algumas batalhas enquanto sociedade. Vivemos em um mundo de escolhas, e em muitas (não todas, infelizmente) regiões do mundo podemos falar, pensar e nos vestir do jeito que bem entendermos. Vivemos em uma "sociedade livre", mas será que somos livres *de verdade*? Gostamos de achar que somos indivíduos "de pensamento livre", mas nossa mente não é nem um pouco livre.

Que liberdade há quando nossa mente, em vez de fazer o que queremos, volta-se para coisas que *não* queremos? Somos escravizados por pensamentos e sentimentos que parecem estar além de nosso controle. Afundamos em estados de espírito, memórias dolorosas ou preocupações com o futuro. Bem que gostaríamos de nos livrar de tudo isso, mas não sabemos como parar de pensar em todas essas coisas. Lutamos para manter o foco enquanto nossa mente perambula de um lado para outro, por vezes se atendo a sensações desconfortáveis. Não raro, sentimos como se não estivéssemos de fato no comando do volante do carro e nossa mente fosse a responsável por decidir aonde vamos.

No entanto, é importante observar que não vivenciamos nenhum desses pensamentos ou emoções 100% do tempo. Existe um fluxo constante de transformações – para ser exato, milhares de transformações diárias. Do ponto de vista da meditação, isso é muito estimulante, pois podemos aprender métodos que nos ajudem a redirecionar esse fluxo de forma consciente. No fundo, nossos pensamentos e emoções não passam de hábitos, e por isso podemos construir outros – novos e positivos – e abandonar o hábito das ideias negativas.

Recentemente, os cientistas cunharam o termo "neuroplasticidade" para descrever a nossa capacidade de promover mudanças mentais – por meio de treinamentos como a meditação – e de criar novas vias neurais. Podemos consolidar diversos hábitos novos, "desaprender" os negativos e, assim, colher benefícios verdadeiramente duradouros.

No meu caso, descobri que alguns de meus hábitos mais destrutivos e dolorosos mudaram radicalmente através dos treinos de meditação. Por exemplo, os episódios de profunda autodepreciação, antes comuns em minha vida, praticamente desapareceram. Também descobri que é muito transformador perceber que somos capazes de dar um passo para trás e observar o que nossa mente está fazendo. Estou aprendendo formas de não ser tão sugado pelo redemoinho de atividades mentais e a encontrar um pouco de respiro fora dele. Se conseguirmos descobrir que nossa mente é muito maior que nossos problemas, veremos que todos temos o potencial necessário para sermos felizes de verdade.

O OBSERVADOR

Acho a capacidade que temos, de observar nossos pensamentos e emoções, fascinante. Por exemplo, se estivermos irritados, tristes ou com medo ao longo do dia, costumamos *saber* que estamos irritados, tristes ou com medo. Vivenciamos nossos sentimentos. Mas, se há uma parte de nossa mente que *sabe* que estamos irritados, não restam dúvidas de que essa parte *não* está irritada. Caso contrário, como ela se daria conta dessa raiva? Portanto, existe uma dimensão de nossa mente que está sempre livre.

Quando sofremos (sentimos dor emocional ou passamos por momentos difíceis), costumamos nos identificar completamente com esse estado doloroso da mente. Nossa realidade se resume a isso. Quando praticamos a meditação, contudo, é possível aprender a identificar a parte da mente que observa essa emoção e descobrir que o pano de fundo de todas as nossas experiências está livre e vasto. A *consciência* da dor e do sofrimento é muito maior que essas sensações que nos dominam tantas vezes.

Nos textos antigos sobre meditação, encontramos muitas metáforas que comparam a mente ao céu e nossos pensamentos e emoções às estrelas. O céu é vasto e ilimitado, não tem um centro ou extremidades. No céu, há nuvens de todos os tipos – nuvens de tempestades fortes, nuvens que parecem algodão, cirros finos e esparsos e assim por diante. Tudo isso é parte natural do céu, mas o céu é ainda maior. De forma parecida, os ensinamentos da meditação descrevem o espaço imaculado e a vastidão da consciência de nossa mente, que é muito maior do que as idas e vindas de nossos pensamentos e emoções.

Nosso principal problema é não saber *reconhecer* essa consciência. A gente se perde em pensamentos e emoções; se perde em meio às nuvens. A meditação ajuda a nos conectarmos com essa consciência. O importante não é se livrar dos pensamentos, mas ver as coisas de uma perspectiva mais ampla. O fato de existir uma parte da mente que seja capaz de observar nos sugere que a liberdade é nossa essência. E, como sabemos agora, *liberdade é felicidade*.

Acredito que muitas pessoas veem a meditação apenas como uma forma de reduzir o stress, mas na verdade é um método para nos conectarmos com nossa essência, que consiste em liberdade e felicidade irrestritas. Uma das palavras tibetanas para designar a meditação é *"gom"*, que significa literalmente "familiarizar-se com". Assim, estabelecemos uma amizade com nossa consciência, que é essa capacidade de observar.

Meu professor de meditação com frequência sugeria que eu parasse de me levar tão a sério. Com isso, ele queria dizer que eu precisava parar de me apegar às nuvens. Elas não são objetos sólidos. Imagine que você está em um avião. Ao olhar pela janela, você vê logo abaixo nuvens parecidas com chumaços densos de algodão. Uma criança poderia achar que, ao descer para a aterrissagem, o avião colidiria com essas nuvens, mas nós sabemos que, apesar da aparência, elas são insubstanciais. De forma semelhante, quando vivenciamos nossos pensamentos e emoções, alimentamos uma espécie de medo de que possamos colidir com eles, porque os vemos como coisas reais, e isso nos leva a reagir. Esse tipo de relação com nossos pensamentos e emoções é a causa de nosso sofrimento.

Em geral, sentimos que os pensamentos e emoções *entram* em nossa mente. Não raro, dizemos "uma ideia me veio à mente". Veio de onde? Estamos fazendo download de pensamentos e emoções de um servidor externo? Claro que não. Para explorarmos como a atividade mental surge, podemos pensar em outra metáfora usada com frequência para descrever nossa mente, em que ela é comparada ao mar. Ele representa a mente. Já as ondas, os pensamentos e as emoções. As ondas do mar são parte integrante dele, indo e vindo. Podemos aprender a deixar as coisas em seu canto e nos apoiarmos na consciência – o mar –, em vez de sermos carregados pelas ondas de um lado para outro. Essa é a questão-chave na prática da meditação. Quando uma onda surge no mar, ela se separa do restante da água e se ergue no ar? Não, a onda é apenas uma expressão natural do oceano, da mesma forma que nossos pensamentos e sentimentos são apenas parte de nossa mente. Se conseguirmos "ser" a consciência, como se "fôssemos" o oceano, nossa vida se torna muito diferente. Caso contrário, nos tornamos presa fácil para os caprichos das ondas e acabamos controlados por qualquer coisa que estiver ocorrendo em nossa mente.

NOSSA ESSÊNCIA É LIVRE

O coração é luminoso,
mas é obscurecido por véus
que não são de sua natureza.
BUDA

Às vezes, a essência da mente é descrita, em textos sobre meditação, como um cristal coberto por camadas de lama. Por mais espessa que a lama seja, o cristal continuará lá. A lama representa as manchas de nossos pensamentos e emoções negativos. Por meio da meditação, podemos limpar a lama e permitir que nosso cristal brilhe.

Se, no fundo, a mente é mais que a mera soma de seus pensamentos e emoções, isso implica a liberdade, que é a felicidade completa. Ao nos familiarizarmos com essa ideia, podemos começar a descobrir que a mente é essencialmente *boa* – por baixo de todos os nossos problemas, somos legais. Esse é o significado de Buda. Significa *bondade básica inerente*, a pureza dentro de nós.

A CIÊNCIA DA MENTE

Nosso grande potencial para a felicidade e a liberdade também existe em um nível físico. Isso deixou de ser visto como uma crença mística e passou a ser discutido pela neurociência; hoje é considerado um fato neurológico. O trabalho da neurocientista Candace Pert foi particularmente interessante para esse campo. Pert foi a responsável pela descoberta dos receptores opioides e das endorfinas (compostos químicos naturais de nosso corpo que nos livram da dor), que a levaram à famosa conclusão: "Fomos programados para o êxtase". Nosso estado natural é nos sentirmos bem, fomos construídos para ser felizes.

Colaboro frequentemente com o trabalho do neurocientista Ash Ranpura, de Yale. Ele relata que, quando as coisas vão bem, o cérebro entra no piloto automático. Por outro lado, se estamos prestes a tropeçar e cair, por exemplo, ele gera um "alerta de erro", que coloca todas as suas engrenagens em movimento. Acho interessante que nosso cérebro seja programado para perceber o que está errado, e não o que está certo. Para mim, é um indício de que nosso estado natural é positivo; só precisamos prestar atenção quando corremos o risco de sair desse estado. Peguemos um exemplo simples: se estamos caminhando em um parque durante um belo dia de sol e começamos a sentir dor de dente, tomamos o sol e a beleza por normais e tendemos a focar no dente dolorido. Somos preparados para reparar no que está errado, pois são esses elementos que parecem intrusos ao nosso estado natural.

Quando bebês, somos colocados junto ao corpo de nossas mães e elas nos alimentam. Tanto a mãe como a criança são dominadas pelo efeito químico natural do amor, da felicidade e da segurança que se chama oxitocina, e isso nos coloca em um estado de calmaria que parece ser a coisa mais natural do mundo. E, quando somos separados dessa felicidade, choramos. Todos temos uma biologia voltada naturalmente para a satisfação: nosso corpo sabe como produzi-la, pois é programado para recriar esse estado quando nos afastamos dele.

Talvez soe contraintuitivo, mas sempre que experimentamos uma sensação negativa podemos encará-la como uma prova de que nosso potencial para a felicidade é ilimitado. Com isso quero dizer que as emoções negativas surgem porque sempre que nos frustramos por algum motivo nós buscamos algo que faça nos sentirmos melhor. No entanto, a verdade é que *nada* será bom o bastante para nós, pois nosso desejo não tem limites. O que devemos fazer é entrar em contato com a *verdadeira* felicidade, que só se torna possível quando estamos em harmonia com nosso verdadeiro potencial de liberdade. Nada neste mundo é páreo para a "programação do êxtase" que existe dentro de nós.

O que nos impede de experimentar a verdadeira felicidade? A nossa tendência de *nos apegarmos* às coisas, incluindo o apego aos nossos pensamentos e nossas emoções. Isso nos impele ao sofrimento e ao stress. Focamos demais na busca pela felicidade e em um sentimento de completude que procuramos no mundo externo. O que podemos aprender por meio da meditação é que essa completude sempre esteve dentro de nós: no fundo, sempre fomos totalmente livres e felizes.

3

* * * * * * * * * * *

STRESS NO SÉCULO 21

EU ME TORNEI MONGE EM 1993, AOS 21 ANOS. NINGUÉM, muito menos eu, jamais havia me imaginado em um monastério.

Cresci no sul da Inglaterra e recebi uma excelente formação na Universidade de Oxford. Eu havia sido músico, e depois ator. Morava em Nova York, em um apartamento adorável em Greenwich Village. Só usei minha cozinha uma vez, para fazer pipoca durante uma festa; passava o restante do tempo perambulando pela cidade. Eu tinha dinheiro e vivia cercado de amigos. Vestia roupas da moda e era o mais animado em todas as festas, mas não estava bem. Na verdade, minha vida estava completamente fora dos trilhos.

Levava uma vida tumultuosa, marcada por muitos vícios que me colocaram em diversas situações de risco nas quais eu bem poderia ter morrido. Eu era ambicioso e tinha uma mente frenética, sempre em busca de alguma coisa. Estava muito longe de ser feliz e vinha ficando física e mentalmente exausto. Lembro que sentia medo da minha própria mente o tempo todo e, por isso, certificava-me de nunca estar sozinho. Mesmo quando caminhava na rua eu colocava música no último volume nos fones de ouvido, para não ter que encarar meus pensamentos, e imaginava estar em outro lugar. Era raro eu passar uma noite sozinho.

Eu havia me mudado para Nova York para estudar em um conservatório muito progressista da Broadway. Nas aulas de "método de atuação", ensinavam-nos a "usar" nossa história para criar traumas para nós mesmos no palco. Visualizávamos elementos de situações passadas para induzir nossa mente e nosso corpo a um estado de dor. Durante uma aula, evoquei algo terrível que ocorrera no início de minha adolescência de forma tão intensa que comecei a sentir palpitações e sofri um ataque de pânico. Todos ao meu redor estavam aplaudindo, e achei que eu fosse morrer. Acho que eu atuava bem, mas o custo disso era muito alto.

Certa manhã, acordei após uma noitada convencido de que estava sofrendo um enfarto. Meu coração estava assustadoramente acelerado; eu sentia dor no peito e estava ensopado de suor. Tinha dificuldades para me mexer. Isso deu início a uma longa e severa fase em que fiquei de cama por muitos meses, enquanto os médicos me diziam que eu havia sofrido um *burnout* grave causado pelo stress e por minha vida de excessos. Fui diagnosticado com fibrilação atrial – uma condição cardíaca que pode evoluir de forma perigosa. Fiquei apavorado, pois sentia que minha vida havia terminado.

Voltei a morar com a minha mãe, que à época também residia nos Estados Unidos. Ela cuidou de mim e, enquanto eu buscava respostas, me deu alguns livros sobre meditação. Minha melhor amiga de infância havia me falado a respeito de um monastério de budismo tibetano na Escócia, que abrira recentemente suas portas para quem quisesse se tornar monge ou monja durante um ano, e ela sugeriu que fôssemos juntos até lá dar uma olhada. A ideia parecia meio maluca, mas também uma decisão correta; decidi que aquilo era exatamente o que eu precisava.

Consegui manter meu estado de saúde estável o suficiente para viajar de volta ao Reino Unido, mas ainda estava muito frágil. Lembro-me muito bem de um ataque de pânico terrível que sofri em uma locadora de vídeo, pouco antes de entrar para o monastério. De repente, fiquei sem ar e precisei sentar no chão. Fui tomado por um medo inominável. Tive a sensação esmagadora de que as caixas dos filmes pulariam das estantes para me atacar. O ataque passou após alguns minutos, mas aquela foi uma experiência aterrorizante e, a partir dali, sofri durante anos com episódios recorrentes de ansiedade e depressão, alguns deles muito graves.

E então, em 1993, tornei-me um monge budista. Todos os meus amigos ficaram chocados, visto que eu não tinha nada de "monge em potencial". Sempre fui festeiro e o mais materialista de todos os meus amigos. Lembro que uma amiga da faculdade entrou para um grupo de meditação e tentou me arrastar junto com ela diversas vezes, mas eu me recusava e a convidava para tomar uns drinques após ela sair das sessões. Talvez eu estivesse com medo de minha própria mente.

De fato, passei muitos anos sendo guiado pelo medo. Hoje, entendo que essa tendência mental se ancora no apego. É possível dizer que o apego reside no âmago de todos os nossos problemas.

APEGO

Podemos definir o apego como a tendência de nos aferrarmos às coisas do mundo, e também ao modo como nossa mente persegue pensamentos e emoções. Além disso, temos o hábito de *empurrar para longe* o desconforto e quaisquer pensamentos e emoções que não sejam de nosso agrado. A rejeição não é senão uma outra forma de apego.

Vivemos com a constante sensação de estarmos correndo atrás de algo, mas não sabemos bem do quê. Deitamos à noite e, na manhã seguinte, acordamos e começamos a correr outra vez. Aonde isso nos leva? Qual é o grande propósito ou objetivo? Sobrevivência, colocar comida na mesa, sucesso, curtição, amor... Mas para quê?

O CEO, o prisioneiro, os pais ocupados, o monge... Todos buscamos a mesma coisa: felicidade e ausência de dor e desconforto. Essa busca pela felicidade faz com que nos apeguemos às coisas: olhamos ao nosso redor e decidimos o que precisamos para sermos felizes. Todos somos materialistas em sentidos diferentes, seja em termos de compras, jantares com amigos ou caminhadas em meio à natureza – todos nos aferramos ao mundo "material" ao nosso redor. Mesmo um belo pôr do sol se torna uma forma de materialismo quando externamos nossa felicidade e a projetamos nele. O problema é que, quando conseguimos uma coisa, não demoramos a querer outra. Esse processo jamais tem um fim, pois as coisas nunca aparentam ser suficientes. Corremos atrás de algo que sempre parece evasivo, e sempre há mais coisas do que correr atrás. Ao mesmo tempo, fugimos daquilo que, ao que tudo indica, nunca deixa de nos perseguir. É uma batalha exaustiva – e é isso o que chamamos de "stress".

POR QUE NOS SENTIMOS ESTRESSADOS

Há quatro fatores principais que levam ao stress, e todos eles são aspectos do apego:

1. Não ter o que queremos;
2. Ter o que *não* queremos;
3. Proteger o que queremos;
4. Perder o que amamos.

1. Não ter o que queremos

Será que sabemos mesmo o que queremos? Pensamos que é "isso" ou "aquilo", mas depois descobrimos que era outra coisa. Jamais conseguimos o que de fato queremos, pois mesmo quando isso acontece nos damos conta de que queríamos mais, ou outra coisa. Os publicitários adoram essa nossa característica: compramos algo, e então vamos atrás de mais daquilo, ou de outra coisa. Acreditamos que saciaremos nosso desejo quando conseguirmos o que queremos, mas assim como um viciado em heroína que injeta a droga no braço, sempre queremos mais. O desejo simplesmente gera mais desejo: o hábito, e não o objeto, vem em primeiro lugar, e o nosso desejo jamais acaba.

Não apenas o nosso desejo é insaciável como as coisas às quais condicionamos nossa felicidade são inevitavelmente insatisfatórias, porque não podem durar para sempre. Como nada é permanente, acabamos dependendo de coisas pouco confiáveis. Ter consciência disso cria um circuito sutil de incerteza e insegurança em nossa mente. A dependência desses objetos e das pessoas ao nosso redor nos torna suscetíveis ao que pode ou não acontecer. A vida parece *nos* estar acontecendo.

Não sabemos o que queremos. Achamos que é algo externo, mas, como aprendemos no capítulo anterior, o que *realmente* buscamos é *a liberdade total e irrestrita*. O que fazemos em nome dessa busca não nos leva à liberdade verdadeira: apenas cria mais necessidades, de modo que jamais encontramos um sentimento duradouro de realização. Tudo parece limitado demais para nós e, portanto, nada nos deixará satisfeitos, a não ser que despertemos para o nosso grande potencial: a felicidade interior, que não conhece limites.

2. Ter o que *não* queremos

Muitas vezes, temos o que *não* queremos. Deparamo-nos com experiências que nos causam desconforto: pessoas, eventos, lugares, sensações etc. No entanto, varrer essas coisas para debaixo do tapete acabará gerando um hábito – a necessidade de varrer cada vez mais coisas, de modo que sempre haverá algo do que correr. Carregamos dentro de nós a sensação de que algo sempre nos incomoda, e de fato cada uma de nossas ações acaba se baseando, ao menos em parte, na ânsia de fugir desse desconforto.

3. Proteger o que temos

Também nos sentimos impelidos à permanência, ao desejo de nos aferrarmos ao que temos: pessoas, lugares, objetos, estilo de vida, nossa aparência etc. Mas as coisas não duram para sempre, e podemos sentir como se a areia escorresse pelos nossos dedos. Tentamos segurar firme, mas a areia continua escapando pelas frestas. Aferrar-nos às coisas e mantê-las como são é exaustivo, e sempre acabamos experimentando uma sensação de perda.

4. Perder o que amamos

Nada dura. O termo "para sempre" é uma mentira, e essa impermanência nos causa muita dor. Mesmo quando estamos curtindo algo, parte de nós já antecipa a sensação de perda, e não somos capazes de tolerar isso. Nossas relações tendem a sofrer com esse medo da impermanência, em que a ansiedade leva as pessoas a se comportarem de modo controlador ou mesmo sufocante.

Resumindo, por não sabermos como nos conectar ao nosso potencial interior para a felicidade, presumimos que ela e o sofrimento vêm de fora. Não entendemos que ambos são estados da mente, e por isso sofremos das quatro maneiras descritas acima. O resultado é o stress. Além disso, travamos uma batalha interna: nosso vício mais profundo são os pensamentos e as emoções. Nós os encaramos como se fossem reais; perseguimos, rejeitamos e reagimos a eles milhares de vezes ao dia, em vez de apenas deixá-los de lado. Agarramo-nos às nuvens em vez de relaxarmos no céu (como falamos na página 25) e, por isso, não experimentamos a paz, a liberdade e a felicidade que constituem nossa verdadeira natureza interior.

O STRESS E O CORPO

Correr atrás de nossos pensamentos o dia inteiro pode fazer com que nossa mente pareça uma paçoca, e sentimos como se nosso cérebro tivesse queimado até se tornar cinzas, tamanha a exaustão. Nosso stress provém da forma como nos relacionamos com nossos pensamentos e emoções e acaba se manifestando em nosso corpo, em grande parte devido à superprodução do hormônio do stress: o cortisol.

Esse hormônio é produzido em reação ao nosso dispositivo inato de "luta ou fuga", que surgiu na evolução como mecanismo de sobrevivência: foi ele que permitiu que nossos ancestrais e outros mamíferos reagissem com agilidade a situações em que sua vida estivesse ameaçada. Como caçadores-coletores, passávamos boa parte do tempo em risco, à mercê da natureza, grandes predadores e outros caçadores-coletores que nos perseguiam com suas lanças. Quando o perigo estava próximo, nosso corpo produzia cortisol e outros hormônios para ativar o "modo de emergência", em que ficávamos prontos para lutar (socar o nariz de um mamute) ou fugir (correr com grande velocidade). Com esse ato de sobrevivência, acabávamos queimando o cortisol, que então retornava ao nível normal.

Hoje, podemos constatar o mesmo fenômeno ao observarmos, por exemplo, uma zebra ou gazela africana. Elas pastam tranquilas pelas planícies, mas, quando um leão se aproxima, o modo de fuga as toma e elas saem em disparada no mesmo instante. Os animais que não acabam devorados correm até um local seguro, onde continuam a pastar imediatamente. Seus níveis químicos voltam ao normal: elas não sofrem nenhum trauma, tampouco precisam encontrar alguém com quem "desabafar" sobre o que acabou de acontecer. Elas retomam um estado de calmaria e a vida segue seu curso. Essa é a resposta natural à pressão e ao perigo.

No século 21, contudo, experimentamos uma espécie de minirreação do tipo "luta ou fuga" diversas vezes ao dia, pois nossa tecnologia interna ainda está programada para agir dessa forma. É claro que isso pode ser muito útil se, por exemplo, estivermos caminhando por uma rua escura à noite, pois essa resposta evitará que fiquemos nervosos demais. Mas quando estamos sentados diante de uma escrivaninha, a história é outra. A amígdala, parte do cérebro responsável por ativar o sistema de "luta ou fuga", é incapaz de fazer a distinção entre riscos reais e imaginários. Ela apenas reage à pressão, e podemos passar um dia inteiro com a sensação de que estamos sendo caçados quando, na verdade, estamos apenas sendo bombardeados de e-mails.

Não há por que passarmos o dia inteiro em alerta. O hábito de saltar de um pico de cortisol a outro tem um efeito tóxico e exaustivo, podendo danificar nossos órgãos, contribuindo para a hipertensão e o diabetes e, em alguns casos, influenciando o modo como nosso corpo distribui a gordura. Mesmo um pequeno fluxo constante de cortisol ao longo do dia já nos deixa cansados, pois somos incapazes de liberá-lo sem enfrentarmos situações reais e concretas de "luta ou fuga". O cortisol gasta nossa energia e queima o açúcar em nosso sangue, exaurindo nossas forças. Então, em nossa tentativa de nos sentirmos melhor, acabamos recorrendo a outros compostos químicos: na maior parte das vezes, a droga escolhida é a cafeína ou o açúcar.

Vivemos exaustos. A proliferação de cafeterias nas cidades é um fenômeno relativamente recente, e hoje as pessoas pedem doses duplas ou triplas de café; é como um choque elétrico direto no coração para "pegarmos no tranco". Muitas vezes, nosso café vem acompanhado de quitutes repletos de açúcar, e boa parte da comida de hoje é "batizada" com compostos químicos de função estimulante que passam a impressão de recarregar nossas energias.

O problema é que acabamos presos em um ciclo de exaustão crescente. Bebemos café para acordar, mas é como se pegássemos energia emprestada do futuro. Usamos forças que não possuímos, e assim acabamos ainda mais cansados. Depois, entramos em uma fase na qual precisamos do café para nos sentirmos normais. É fascinante: somos nosso próprio laboratório de química. A pergunta a ser respondida aqui é: o que estamos preparando? Infelizmente, o laboratório de muitas pessoas parece uma linha de produção de anfetaminas, onde elas misturam grandes doses de compostos químicos tóxicos na esperança de se sentir bem. No fim das contas, contudo, elas se tornam cada vez mais irascíveis.

VIDA MODERNA

A vida moderna tende a ser marcada pelo excesso de compromissos e hormônios de stress. Uma mentalidade predisposta ao apego é exaustiva, e as coisas das quais nos cercamos para satisfazer esse anseio também tendem a drenar a nossa energia. Podemos chegar ao fim de um dia de trabalho com a sensação de termos escalado uma montanha ou sido arrastados sobre uma roseira cheia de espinhos. Nosso corpo parece detonado mesmo quando nosso trabalho não envolve muito esforço físico. É a nossa mente que está exausta.

Hoje em dia, estar sempre ocupado é visto como um sinal de sucesso, um distintivo de honra. Perguntamos às pessoas: "Como vão as coisas?", e a resposta automática é:

"Uma correria", o que é visto como algo positivo. Vivemos em uma cultura do *fazer* em vez de *ser*. Estar ocupado tem muito glamour, é algo que nos define.

Claro que precisamos trabalhar para pagar as contas, ajudar nossa família e contribuir para a sociedade em geral. Mas construímos uma cultura em que deixamos de cultivar os alimentos de que precisamos e de nos protegermos do perigo: agora estamos presos em uma complexa matrix de compra, venda, comparação, seguros, comunicações e crescimento infinito. Manter esse sistema se tornou exaustivo. O planeta é incapaz de suprir nossas demandas e, enquanto isso, corremos de um lado para outro nas grandes cidades, sempre ocupados em manter a roda do sistema girando. Buscamos nossa validação através disso.

O problema é que perdemos o contato com a verdadeira beleza de nossa mente, como descrevo no Capítulo 2, e por isso desenvolvemos uma obsessão por identidades que se baseiam em uma coleção superficial de feitos externos. Enquanto sociedade, aprendemos a acreditar que não há valor de fato dentro de nós e, por isso, devemos buscar esse valor no mundo externo.

Essa busca por felicidade nas coisas externas não nos tornou felizes – a depressão, o abuso de substâncias e o suicídio estão em seu ápice histórico no mundo "desenvolvido". Então por que fazemos isso? Desde nossos tempos de caçadores-coletores, somos programados para nos preocuparmos com a escassez. O caçador-coletor moderno pode ser visto perambulado pelos shoppings ou sentado diante de um notebook fazendo compras on-line. Muitas das coisas às quais nos apegamos propiciam uma dose instantânea de satisfação e, portanto, são viciantes, e as propagandas que invadem nossas telas a todo momento prometem um pouco mais dessa sensação. Assim, acabamos presos a um ciclo vicioso.

Nós criamos a "era digital" para simplificar as coisas, mas parece que arranjamos mais trabalho e esse ciclo se acelerou ainda mais. O interessante é que somos uma geração de "transição", pré e pós-tecnológica. A internet e os smartphones surgiram durante nosso tempo de vida, e nosso cérebro simplesmente não estava pronto para essa adaptação. Nossa mente parece estar sempre correndo atrás do último upgrade. Quanto mais avançada se torna a sociedade, maior se torna nosso nível de stress.

Pouco tempo atrás, eu estava de pé em um trem. Ao examinar o vagão ao meu redor, fiquei surpreso ao perceber como todos encaravam fixamente uma tela de celular. Nenhum deles parecia reparar na linda vista que passava pela janela, provavelmente muito ocupados em elevar seus níveis de cortisol enquanto liam seus *feeds* de notícias.

> *As pessoas não se revoltarão. Elas não erguerão os olhos das telas por tempo suficiente para que percebam o que está acontecendo.*
> ROBERT ICKE e DUNCAN MACMILLAN, adaptação teatral de *1984*, de George Orwell.

Essa citação fascinante tem circulado pelas redes sociais há algum tempo e, à moda dos "fatos alternativos", tem sido atribuída ao próprio Orwell quando, na verdade, foi escrita para uma adaptação teatral de seu livro, em 2013.

O irônico é que as pessoas que leem a citação (em suas telas) são informadas de que ela foi escrita em 1949, e apenas acreditam na informação e a passam adiante. Ela viralizou.

À parte o interessante equívoco, a frase em si é poderosa: ela parece descrever a vida moderna. Encontramos formas tentadoras de ignorarmos uns aos outros (fixar os olhos em telas), nos distanciarmos de nossos pensamentos, consumirmos imensas quantidades de inverdades e levarmos a vida sempre nos comparando com outras pessoas.

Em *1984*, romance de Orwell sobre um futuro distópico, as autoridades promovem o que chamam de "Newspeak". Orwell a descreve como um tipo de linguagem desenvolvido com o intuito de restringir o pensamento das pessoas e controlar o modo como se comunicam. Isso me lembra de quanta gente interage no Twitter, onde todas as formas de expressão se limitavam a 140 caracteres (hoje, são 280). De alguma forma, isso levou nossa sociedade a pensar de forma truncada, interpretando a vida por meio de "hashtags" e resumindo tudo em "postagens".

Antes da era da internet, nós nos comparávamos a nossos vizinhos, mas hoje acompanhamos nos mínimos detalhes a vida de estrelas de Hollywood, que vivem do outro lado do mundo. A inveja parece ser a regra: as revistas adoram exibir fotos de pessoas famosas com espinhas na bochecha, que surgem circuladas em vermelho, acompanhadas de uma seta indicativa e a legenda: "O que eles estavam *pensando*?". A ideia aqui é diminuir essas pessoas, retirá-las de seus pedestais e, ao mesmo tempo, desejar em segredo uma vida como a delas.

Adolescentes veem fotos que lhes transmitem a sensação de não serem bons o bastante; por consequência, crescem com uma péssima autoimagem. Muitas vezes, eles não se dão conta de que boa parte do que é postado na internet não corresponde à realidade, trata-se de uma versão filtrada e glamourizada da vida que é oferecida ao público em troca de "curtidas". Modelos e celebridades se destacam em fotos retocadas; ninguém tem aquela aparência na vida real, mas, ao verem as fotos, as pessoas se desesperam por serem incapazes de atender àqueles parâmetros. Uma amiga me contou que estava tomando chá em um restaurante chique de Londres e notou que duas garotas na mesa ao lado pediram uma porção de um bolo rosa bastante ornamentado e servido em pires de prata. Elas tiraram fotos com o bolo e foram embora sem comer. As pessoas se viciaram tanto em "curtidas" nas redes sociais que o ciúme e a competição afloram com facilidade. Estamos perdendo a capacidade de saber do que gostamos: antes, precisamos checar se os outros "curtem" aquilo.

Esse retrato da vida moderna pode parecer um tanto rabugento, e é claro que nem sempre as coisas são tão desoladoras. A vida pode ser ótima, as coisas podem dar muito certo, mas ainda sentimos falta da certeza. Sempre existe algo que não está perfeito, ou alguma coisa boa ou ruim que parece *prestes* a acontecer. Passamos pela vida guiados pelas distrações e pelo stress; temos a impressão de que, se ao menos conseguirmos vencer a corrida ou a batalha, ficaremos numa boa.

A boa notícia é que a meditação pode oferecer uma solução muito eficiente para esse problema, ajudando-nos a dominar nossos pensamentos e emoções. Até mesmo imagens de tomografia demonstraram que a meditação coloca a amígdala sob controle e reduz a produção excessiva de cortisol.

No entanto, já me deparei com muitos equívocos a respeito do modo como a meditação funciona. Quando comecei a dar aulas, no fim dos anos 1990, a moda do *mindfulness* ainda não havia chegado e as pessoas tinham menos conhecimento sobre seus benefícios. Alguns temiam que a prática dessas técnicas pudesse minar sua determinação, tornando-os relaxados "demais". Não raro, as pessoas dizem que "precisam" do stress. Quando comecei a meditar, eu também tinha medo de perder meu brilho e acabar me tornando apático e passivo. Descobri, contudo, que a meditação pode criar alegria e energia que fazem com que eu me sinta vivo e disposto, permitindo-me fazer mais coisas. Podemos manter nossas metas e nosso entusiasmo perante a vida, mas precisamos ser capazes de manter a compostura para garantir nossa resiliência. Mais que qualquer coisa, precisamos entender que a felicidade vem de dentro.

A capacidade de produzir a própria felicidade muda a nossa vida, e o próximo capítulo descreve essa jornada.

4

MEDITAÇÃO
E
MINDFULNESS

TEMOS EM MÉDIA 60 A 80 MIL PENSAMENTOS POR DIA. A maioria não é muito útil – muitos se repetem, e boa parte é negativa –, mas, mesmo assim, seria inútil tentar se livrar deles.

Existe um antigo ditado tibetano que diz:

Quando corremos atrás de nossos pensamentos,
somos como cães que correm atrás de uma vareta.
Mas quando atiramos uma vareta para um leão,
ele se vira para ver quem a atirou.
Só se atira uma vareta para um leão uma vez na vida.
Seja como o leão.

A forma como reagimos aos nossos pensamentos é o que tende a nos tornar infelizes. A meditação nos transforma em leões e, por meio dela, podemos virar o "rei da selva" de nossa própria mente. Somente ao controlarmos nossos pensamentos podemos optar por sermos felizes.

Existe uma diferença entre a meditação e o *mindfulness*? Nos tempos modernos, a meditação foi de certa forma "embalada" como *mindfulness* para se tornar mais acessível. Mas, de uma perspectiva mais aprofundada, na verdade elas são dois aspectos importantes de um único sistema de treinamento.

A *meditação* é o ato de nos sentarmos para treinar nossa mente utilizando técnicas específicas. O *mindfulness* é o modo como retomamos a atenção de nossa mente quando ela se distrai durante uma sessão de meditação, e também se refere à incorporação da meditação na vida cotidiana. Isso acontece quando exercitamos a consciência durante nossas atividades diárias.

O QUE A MEDITAÇÃO NÃO É

Muitas pessoas se interessam pela meditação porque sentem uma grande urgência de "desligar". Elas buscam alívio do alvoroço constante da mente e presumem que a única alternativa é o silêncio mental absoluto. Isso é perfeitamente compreensível, pois todos temos muitas coisas acontecendo em nossa mente – adoraríamos ter um respiro, e por isso temos vontade de "limpar a mente" e esvaziá-la de pensamentos. Mas na realidade isso seria como estar em coma ou sob efeito de anestesia, e meditar com esse objetivo apenas causará mais stress: "Não consigo parar meus pensamentos. Não consigo limpar minha mente. Não consigo desligar, não está dando certo. Estou cheio de pensamentos". Começamos a nos sentir fracassados, e muitas pessoas desistem da meditação por causa disso: "Não consigo meditar porque minha mente é muito atribulada" ou "Experimentei meditar, mas não deu certo".

Vale a pena nos perguntarmos que benefício uma mente vazia e silenciosa por dez minutos traria para os outros âmbitos de nossa vida atribulada. Seria o mesmo que ser nocauteado por um breve período. Se acharmos que o sentido da meditação é não ter pensamentos, há formas muito mais fáceis de conseguir isso – podemos nos jogar escada abaixo na tentativa de ficar desacordados!

Quanto mais nos esforçamos para expulsar nossos pensamentos, mais eles parecem gritar. Se pressionarmos uma mola com a mão, ela devolverá o esforço com pressão equivalente. Se forçarmos uma criança a permanecer sentada, ela se impacientará e tentará se mexer. Se impusermos restrições à nossa mente, ela dará início a uma revolução.

Muitos anos atrás, fui convidado para falar sobre meditação em um programa de TV. Enquanto os técnicos prendiam o microfone em minha camisa, o produtor me informou que, na realidade, haveria um debate sobre o tema. Meu "oponente" seria um professor de Oxford que via a meditação como algo ruim para as pessoas. Esse senhor, que parecia um tanto irritado, insistiu veementemente na ideia de que a meditação era perigosa. Ele disse: "Não devemos esvaziar nossa mente, devemos *utilizá-la*. Precisamos pensar e precisamos sentir". Concordei plenamente com ele: na verdade, não havia nada a debater.

Fico triste ao ver que tantas pessoas pensam que a meditação seria o equivalente mental de tentar prender a respiração até sufocar. Meditar assim apenas intensificará a produção de cortisol, induzindo o cérebro a entrar no modo de "luta ou fuga" sempre que um pensamento surgir.

COMO LIDAR COM PENSAMENTOS

O objetivo da meditação *não* é nos livrar dos pensamentos, mas transformar a nossa relação com eles. Ter "paz interior" significa dar um basta à guerra contra nossos pensamentos, e não esvaziar nossa mente. É possível estar "em paz" com nossos pensamentos e emoções? Na realidade, esse é o único caminho para a felicidade verdadeira, pois implica um acordo de paz com nós mesmos.

A meta da meditação é dar à nossa mente total liberdade. Ela nos ajuda a encontrar espaço não *longe*, mas *em meio* aos nossos pensamentos. Tudo bem se esses pensamentos forem muitos: podemos aprender a não nos incomodar com eles nem deixar que nos aprisionem. Podemos permitir que nossa mente fique *bem* e deixar nossos pensamentos em paz. Isso é difícil para quem está apenas começando a meditar. Por isso, podemos usar um ponto focal – como a respiração – para ancorar nossa atenção quando percebermos que nos deixamos levar pelos nossos pensamentos.

Durante a sessão meditativa, muitos pensamentos virão à sua mente, mas não tem importância. Seja uma tristeza profunda, seja uma conversa sobre sua pizza preferida, o fato é que eles são todos iguais, mera atividade mental. O segredo aqui é desenvolver sua consciência dos pensamentos e romper com seu vício de apegar-se a eles, redirecionando seu foco para a respiração, por exemplo.

Com o tempo, você se deixará levar cada vez menos por seus pensamentos e emoções. Esse treinamento trará benefícios para sua vida. Talvez, durante a sessão meditativa, você só consiga se desvencilhar de perguntas como "o que será que eu vou almoçar?". Mesmo assim, você aprenderá uma forma de se proteger contra qualquer tipo de stress: a habilidade de não se deixar capturar. Você se tornará mais resistente, isto é, menos controlado por atividades mentais que não lhe ajudam em nada. Erguer peso na academia fortalece seus músculos, e você carrega esses músculos para onde quer que vá. Da mesma forma, quando você exercita sua mente para que não seja manipulada por seus pensamentos, ela se torna menos suscetível à negatividade.

Meditar é um pouco como estar de pé ao lado de uma avenida movimentada: a rua representa a nossa mente e os carros, nossos pensamentos e sentimentos. Se tentarmos parar os carros, eles engavetarão e provocaremos um acidente. Em vez disso, podemos ficar ao lado da avenida e simplesmente observar os carros que passam. Talvez alguns desses carros sejam táxis e, se estendermos a mão, eles vão encostar para que possamos entrar e dar uma volta. Temos a tendência de fazer isso com nossos pensamentos e sentimentos: embarcamos neles como se fossem táxis e damos uma volta imensa pela cidade sem sabermos ao certo para onde vamos. No fim, o valor que aparece no taxímetro é muito alto.

No entanto, podemos treinar para aprender a dar um passo para trás e permanecer em um único ponto – o que equivale a utilizar um foco meditativo, como a respiração, e deixar que os táxis sigam viagem.

Meditar é *deixar que a mente, com suas emoções e pensamentos, simplesmente seja*, mas também significa ter *consciência*. Se conseguirmos desenvolver isso, o que nossos pensamentos fazem terá pouca importância. Nossa consciência não se deixará envolver pela atividade mental.

> *Você é como uma casa,*
> *Deixe abertas as portas da frente e dos fundos,*
> *Permita aos pensamentos ir e vir,*
> *Só não os convide para o chá.*
> SHUNRYU SUZUKI, Mestre Zen

Como aprendemos no Capítulo 2, a mente é como o céu ou o mar. O céu abriga nuvens e o mar está repleto de ondas. Nem o céu, nem o oceano se agarram às nuvens ou às ondas, que são uma simples parte de seu fluxo natural. As ondas e as nuvens simbolizam nossa atividade mental – os pensamentos e emoções. Temos a tendência de persegui-los ou tentar afugentá-los, mas temos a alternativa de aprender a deixá-los em paz. No fim das contas, talvez comecemos a entender que, assim como as nuvens e as ondas, os pensamentos e as emoções não são sólidos.

No geral, quando um pensamento nos ocorre *acreditamos* firmemente nele. Da mesma forma, quando nos deparamos com uma emoção como a raiva, a tristeza ou o medo, sentimos que há um grande peso dentro de nós e que devemos fazer algo a respeito disso. Queremos escapar dessas coisas. Por isso, nós as expressamos ou reprimimos; nos desfazemos delas, ou torcemos para que alguém se livre delas para nós. Na meditação, a abordagem consiste em entender que essas experiências não são sólidas de fato e que não precisamos *fazer* nada a respeito delas, basta recuar um passo e observá-las. Nossa consciência *não* é o pensamento ou a emoção em si, e está livre de qualquer sofrimento. Quando o meditador atinge esse estágio, já não precisa mais usar a respiração ou outras técnicas de foco: ele pode simplesmente repousar na consciência do presente sem se deixar capturar por seu fluxo de atividade mental.

Pouco a pouco, utilizando-nos desse processo, podemos começar a entender que na verdade somos essencialmente *bons*. Apesar de todos os problemas, somos legais. Por meio da meditação, temos a oportunidade de sentir todo o nosso potencial interno, a bondade essencial que existe dentro de nós. Isso é liberdade. Isso é felicidade.

TRANSFORMANDO A NEGATIVIDADE

Nossa vida emocional é o que nos deixa confusos e desorientados. Ela parece ser a regente do espetáculo. Não há dúvidas de que não *planejamos* nossas emoções. Não decidimos tê-las ou não tê-las: elas parecem surgir do nada e, quando são negativas, podem afetar em muito a nossa felicidade. O objetivo da meditação não é nos livrar de nossas emoções. Algumas pessoas temem que a meditação possa transformá-las em robôs frios e desprovidos de sentimentos, mas, na verdade, o intuito é ampliar nossa inteligência emocional, deixando-nos mais à vontade com nossas emoções e, ao mesmo tempo, impedindo-as de nos controlar tanto. Antes, contudo, devemos estabelecer um bom relacionamento com essa faceta que tantas vezes nos causou medo.

Na verdade, as emoções são boas amigas, pois em muitos sentidos são mais "verdadeiras" que os pensamentos. Nossos pensamentos podem andar em círculos e nos pregar muitas peças, mas os sentimentos se manifestam de forma muito visceral. Com frequência, sentimos as emoções em nosso corpo, e isso pode revelar algumas verdades sobre quem somos naquele momento. Os problemas começam quando reagimos a isso de forma negativa e deixamos que nossas emoções nos *controlem*, causando o nosso sofrimento (e o dos outros).

As emoções negativas derivam de três hábitos principais que "afligem" nossa mente: desejo, raiva e confusão. Juntos, eles formam a base de todas as nossas experiências emocionais desagradáveis, como o ciúme, o medo, a preocupação e uma gama de outros sentimentos desanimadores.

DESEJO

O desejo também pode ser chamado de apego. Como vimos, vivemos em uma cultura de desejo que nos condiciona a querer coisas, pessoas e experiências, pois a maioria das pessoas acredita que é assim que "se consegue" a felicidade. Os problemas começam quando o desejo leva à frustração e, na verdade, isso ocorre 100% do tempo. Quem gosta muito disso são os publicitários.

O desejo implica o não ter. Se analisarmos isso minuciosamente, veremos como a mente desejosa se torna um padrão habitual que nos leva a querer coisas o tempo todo. O desejo sugere um sentimento de incompletude, e isso também pode se tornar um hábito, a ponto de se estabelecer como nosso estado-padrão. Quanto mais pensamos "quero x ou y", mais sentimos a dor de não termos x ou y. A felicidade, contudo, não passa de um estado mental. Se temos x ou y, o que sentimos de fato? Se estamos caminhando em um parque ensolarado, o que sentimos nesse instante? O sentimento acontece dentro da mente. Sendo assim, com a meditação podemos aprender a cultivar a felicidade de forma independente.

Estamos falando de uma vida sem desejo? Talvez não: é possível que nossa meta seja evitar nos deixar levar por necessidades insaciáveis e, além disso, buscar a paz e o contentamento. Isso seria um empecilho para o progresso? Nossa sociedade entraria em colapso? As pessoas deixariam de trabalhar ou desistiriam de ser promovidas? Claro que não. É uma questão de equilíbrio. Podemos continuar lutando por uma vida melhor, mas não precisamos nos apavorar se as coisas estão dando certo ou não para nós. Se aprendermos a produzir nossa felicidade, todo o resto será um bônus.

RAIVA

A raiva é interessante, pois existe em muitas camadas distintas. Às vezes, sentimos um ódio imenso, que pode ser quente ou frio. A raiva quente nos dá a sensação de que estamos queimando: pode ser como uma punhalada no coração, ou uma sensação de inflamação que afeta o corpo inteiro. Já a raiva fria faz com que nos fechemos e fiquemos gélidos: adotamos um olhar cortante. Ambas são dolorosas, e ambas trazem problemas para nós e para as pessoas ao nosso redor.

Outro aspecto da raiva é a aversão, que é uma forma de rejeitar ou afastar. A aversão resulta do medo, e pode se manifestar em relação a absolutamente qualquer coisa – pessoas, lugares, situações, sensações físicas ou mentais, sons, cheiros, sabores, estados mentais... *qualquer coisa*, e pode até se resumir a uma irritação amena. Mas será que a causa é a coisa em si? Não é possível que o hábito da aversão mental seja o verdadeiro problema? Ao entendermos como nossa mente funciona, podemos começar a nos libertar.

Assim como o apego, a aversão só causa mais aversão. Uma mente condicionada a repelir as coisas sempre encontrará algo que deve ser repelido. A aversão é um hábito que está sempre em busca de alguém ou algo para culpar.

Outra vez: será que em um mundo sem raiva nada seria feito? A injustiça sairia impune? Na verdade, acho que as maiores mudanças surgem a partir dos movimentos que são motivados pela compaixão, mas trataremos desse assunto mais tarde.

CONFUSÃO

Nossa maior confusão é pensarmos que a felicidade e o sofrimento vêm de fora quando não conhecemos nossa mente. Não costumamos perceber como estamos confusos. Essa é a natureza da ignorância: se não sabemos, simplesmente não sabemos. Se *soubéssemos* que não sabemos, não estaríamos confusos! Confusão em relação à vida, a nós mesmos, aos outros... esses são os verdadeiros motivos que nos impedem de atingirmos a felicidade duradoura e aprendermos a evitar o sofrimento. A confusão está, portanto, na raiz de todas as nossas emoções.

Nossa confusão também leva à tendência de vermos o mundo a partir de um viés muito influenciado por nossos hábitos e nossa história. Na maior parte do tempo, não vemos as coisas como elas verdadeiramente são.

Devido a esses três hábitos básicos – desejo, raiva e confusão –, convivemos com um excesso de emoções. A maioria das emoções negativas surge a partir da combinação desses três fatores. Por exemplo, estar ansioso é uma mistura de anseio por um desfecho específico, aversão aos demais desfechos possíveis e desconhecimento da verdadeira natureza das coisas. Para piorar, nossa mente se agarra compulsivamente à ansiedade: ficamos presos nesse estado, ainda que sintamos uma grande aversão a ele (não aguentamos a ansiedade e queremos que desapareça). Não parecemos capazes de superá-lo, pois não sabemos o que fazer (confusão). Então sofremos.

A meditação nos ensina a não nos envolvermos tanto com esses hábitos. Continuamos sentindo emoções, mas nos tornamos menos suscetíveis a seu controle e a seus comandos.

A forma mais fácil de alcançar a felicidade é transformar completamente nossa relação com os pensamentos e emoções. É comum não sabermos como abrir mão deles, e a meditação nos ajuda a curar esse vício. Por exemplo: sempre que nossa mente se distrai e voltamos a focar na respiração, estamos nos libertando do hábito de nos apegarmos à nossa atividade mental, e assim a negatividade terá menos controle sobre nós.

PRINCIPAIS INGREDIENTES DA MEDITAÇÃO

A prática da meditação consiste em reservar um curto período para se sentar em um local silencioso, de preferência todos os dias. O próximo capítulo trará conselhos práticos a respeito disso.

O mais importante é conhecer bem as técnicas. O objetivo deste livro é auxiliá-lo com isso, mas pode ser interessante também buscar um curso e encontrar bons professores caso você fique com alguma dúvida.

A primeira técnica de meditação que muitas pessoas aprendem consiste em focar no corpo. Por ser muito tangível, o corpo é um bom ponto de partida. Outra técnica, muitas vezes aprendida na sequência, consiste em focar na respiração; assim, migramos para algo mais sutil e um pouco mais desafiador. Existem diversos outros métodos, muitos dos quais empregam nossos sentidos, como escutar um som (qualquer ruído natural à disposição) ou concentrar o olhar em um objeto visual. O que importa para nós é que todas essas coisas são conhecidas como "apoios" meditativos, porque fornecem um foco para a nossa atenção, um lugar para onde nossa mente pode voltar sempre que se distrair. Treinamos nosso foco mental, e também o esforço para voltar a esse apoio sempre que nos distrairmos. Dessa forma, aprendemos a não nos deixar levar por pensamentos e emoções. Como disse antes, ao ganhar experiência, o praticante da meditação deixa de precisar desses apoios e se habilita a buscar refúgio apenas em sua consciência.

Antes de começarmos, é útil entender que uma sessão de meditação consiste em TRÊS ETAPAS que se repetem sucessivamente.

PRIMEIRA ETAPA é quando estamos *completamente focados* na respiração (por exemplo). É quando nos concentramos em nossa respiração e não somos capturados por nossos pensamentos; estamos 100% presentes. Muitas pessoas pensam: "Ah, *isso* é meditar", mas talvez elas não conheçam as outras duas etapas.

SEGUNDA ETAPA é quando *percebemos* que nossa mente se distraiu. O interessante é que não percebemos quando ela se desvia de nossa respiração para mergulhar em pensamentos; é mais como se, após um tempo, "acordássemos" de repente em meio a um pensamento e percebêssemos que fomos parar em outro lugar. Isso é perceber. Reconhecemos que nos perdemos, mas agora recobramos a consciência. Muitas pessoas encaram isso como um momento de fracasso, mas na verdade se trata de um êxito: estávamos perdidos em nossos pensamentos, mas agora estamos conscientes outra vez. Isso é *mindfulness* e, portanto, podemos encarar tudo de forma positiva em vez de nos sentirmos mal. O entusiasmo alegre é parte importante do treinamento. Em vez de sermos rígidos ou severos em demasia, podemos perceber com alegria que nossa mente se perdeu em devaneios, mas nós retomamos o controle. É como se tivéssemos perdido um valioso anel de diamantes, mas o recuperamos – não precisamos insistir em pensamentos como "Sou terrível, estou sempre perdendo anéis. Sou um terror e deveria ser internado". No lugar disso, nos sentimos nas nuvens porque encontramos o anel.

TERCEIRA ETAPA é *redirecionar* o foco de nossa atenção para a respiração. Percebemos que nos perdemos, e retornamos suavemente à respiração, de forma relaxada.

Uma sessão meditativa é um processo constante dessas três etapas: às vezes estamos focados na respiração, às vezes percebemos que nossa mente se perdeu em pensamentos, às vezes estamos retornando à respiração. As três etapas são importantes, pois são aspectos distintos do *mindfulness*, e cada um deles nos fortalece. Treinar dessa forma nos permite progredir, pois nos tornamos melhores em perceber depressa que nos distraímos.

Se você entender que cada uma dessas três etapas tem grande valor, sua prática passará por uma revolução; caso contrário, você pode se sentir fracassado sempre que sua mente se distrair. Para muitas pessoas, as sessões de meditação podem ser duras e frustrantes; elas se sentam para meditar como se estivessem colocando uma armadura medieval, preparando-se para uma batalha contra a mente, em que são obrigadas a empunhar armas para lutar com seus pensamentos. Tentar limpar a mente nos leva a uma guerra interna que é infrutífera.

No entanto, à luz dessa nova compreensão, podemos ver que o objetivo da prática é retornar constantemente à respiração. Para tanto, precisamos ter um lugar de onde *voltar*. Ou seja: uma mente à deriva nos *ajuda* a perceber que nos distraímos e possibilita o retorno. No fim das contas, ela não é tão ruim assim. Não precisamos mais lutar, bloquear ou nos ressentir por causa de nossos pensamentos. Os pensamentos *auxiliam* nossa meditação; eles são amigos, e não inimigos. Como aprenderemos no Capítulo 9 (ver página 151), saber disso é a chave para a compaixão.

EXERCÍCIOS DE MEDITAÇÃO

Os dois primeiros exercícios deste livro fornecem uma introdução à meditação, fazendo com que a mente perceba qual é o seu estado-padrão e, em seguida, descubra as vantagens de treinar a consciência.

Como é o caso de todos os exercícios deste livro, você pode ler as instruções de antemão para saber o que fazer enquanto realiza sua sessão de meditação.

1. Repare na mente

O objetivo deste exercício é voltar sua atenção para dentro, a fim de lhe propiciar uma ideia do que está acontecendo em sua mente.

Sente-se em um local confortável, em um ambiente razoavelmente silencioso. Observe o que sua mente está fazendo. Repare em seus pensamentos conforme eles forem surgindo. Veja como a mente salta de um pensamento a outro feito um macaco que se desloca pelos galhos de uma floresta. A mente também é como uma abelha ou borboleta, batendo asas por aí de forma um tanto aleatória. Não tente meditar, apenas observe.

Simplesmente repare no que está acontecendo. Onde sua mente está agora? No passado? No presente? No futuro?

Há algum estado de espírito ou emocional em particular acontecendo dentro de você neste instante? Ou alguma sensação em seu corpo? Explore todos os sentimentos que você encontrar.

É importante tentar *não julgar* o que você está vivenciando. É pelo julgamento que rotulamos as coisas como boas ou ruins, ou tentamos nos livrar delas. Apenas tome consciência; veja o que sua mente está fazendo. Observe as experiências deste momento.

O propósito deste exercício é perceber como a mente é ocupada e ativa. Ao *ver* essa instabilidade, e com a leitura das dicas meditativas deste livro, você pode desenvolver uma vontade natural de meditar.

Você também pode fazer isso em alguns momentos durante o dia. De tempos em tempos, simplesmente repare no que sua mente está fazendo. Observe os pensamentos e o seu humor. Você pode fazer isso diversas vezes ao longo do dia, mesmo quando estiver ocupado.

2. Momentos de consciência

Para este exercício, é melhor estar ao ar livre. Talvez você possa se sentar no jardim ou em um banco no parque. Se não puder, sente-se em algum lugar com uma vista bonita, quem sabe de frente para uma janela. Se não houver vista disponível, apenas tome consciência do cômodo ao seu redor.

A função do exercício é conectar-se com seu entorno para aprender a estar presente. Tente fazer isso de forma leve e descomplicada, como uma criança que caminha por uma feira – uma criança fica totalmente presente e maravilhada com as coisas ao seu redor.

Se estiver ao ar livre, repare no meio ambiente, na grama ou nas árvores. Se estiver em um local fechado, repare nas cores da sala ao seu redor. É como se você estivesse vendo tudo pela primeira vez. Absorva este ambiente, deixe que sua mente se encha de alegria enquanto vivencia este momento precioso.

Quando se distrair com pensamentos, redirecione suavemente sua atenção para o sossego deste belo momento presente. A mente perde contato ao se distanciar; traga sua consciência de volta focando outra vez no local onde você está.

Nossos problemas ocorrem quando ficamos presos ao passado, nos preocupamos com o futuro ou desejamos que o momento presente fosse distinto. Neste momento refrescante de consciência presente, não *existem* problemas. Basta observar, tomar consciência.

A útil lição que podemos extrair destes dois exercícios iniciais é experimentar as diferenças entre uma mente ancorada e uma mente à deriva. O primeiro exercício nos mostrou como a mente viaja para todos os cantos, e o segundo nos ensinou a manter o foco e ancorá-la no momento presente. O interessante é que ambos nos ajudaram a entender o que significa estar ciente.

Esses exercícios só precisam durar uns poucos minutos. No próximo capítulo, iremos mais longe.

5

◇   ◇   ◇   ◇   ◇   ◇   ◇   ◇   ◇   ◇   ◇

COMEÇANDO

MEU INÍCIO NA JORNADA DA MEDITAÇÃO FOI BEM extremo – entrei para um monastério após quase sofrer um ataque cardíaco em razão do stress descontrolado e de uma vida de excessos.

Cheguei ao monastério budista tibetano Kagyu Samye Ling, na Escócia, aos 21 anos. Tentei contar minha história de vida para o abade, mas ele se limitou a sorrir, olhar em meus olhos e perguntar se eu estava pronto. Quatro dias depois, eu havia me tornado monge.

Não demorei para me tornar amigo de outros monges e freiras. Eu esperava encontrar um bando de devotos usando capuzes enormes enquanto mantinham os olhos em livros de oração, mas descobri algo completamente diferente. Eu me vi em meio a pessoas inspiradoras, e algumas delas haviam levado vidas tão desregradas quanto a minha e agora buscavam um sentido mais profundo para sua existência.

Um de meus primeiros amigos monges me disse que costumava roubar aparelhos de televisão. Ele simplesmente entrava em uma loja, escolhia uma e saía com ela debaixo do braço. As pessoas tinham tanto medo dele que jamais tentaram detê-lo; mas, na verdade, ele era um sujeito adorável. Após minha primeira semana no monastério, outro amigo me estimulou a participar das rezas vespertinas. Ele me disse que os cantos tinham uma "batida meio de reggae, muito boa".

Com a orientação de nosso revolucionário abade tibetano e os riquíssimos ensinamentos do budismo, todos nós começamos a ajeitar nossa mente aos poucos. Tenho certeza de que não éramos tarefa fácil, mas o abade criou um espaço rico e cativante que permitia a cada um encontrar seu caminho. Todos foram se instalando por ali e meditando. Além de termos aprendido a fazer as pazes com nossa mente, fomos profundamente impactados ao vivermos sob o voto monástico. Monges e monjas seguem preceitos como o celibato e a abstinência de qualquer substância intoxicante. Pode soar como muito restritivo, mas na realidade esses votos são muito libertadores.

Não posso dizer que o início foi fácil. A primeira sessão de meditação em grupo da qual participei durou duas horas: eu fiquei ali, sentado, encarando fixamente o desenho do tapete à minha frente enquanto fazia todo o esforço do mundo para aguentar firme. Achei que manter os olhos pregados aos padrões do tapete me impediria de enlouquecer.

Após esse começo tumultuado, passei a meditar de forma mais gradual e me adaptei à vida no monastério, que envolvia uma mescla de trabalho, estudo e meditação. Não tinha planos de ficar ali mais do que um ano e, para ser sincero, achava os monges e monjas veteranos um pouco estranhos. A ideia de passar "a vida toda" ali me soava um tanto bizarra. Lembro-me de quando uma das monjas mais experientes, hoje uma grande amiga minha, me alertou educadamente que eu havia colocado meu robe na posição errada, ao que respondi na lata: "Pois é, e isso te incomoda?". Naquela época, eu estava sempre com os nervos à flor da pele.

No último mês daquele período de um ano, algo mudou. De repente, fui tomado pela sensação de estar vivenciando apenas a ponta de um *iceberg*. Eu estava começando a absorver a filosofia budista e os conselhos de meus professores, e decidi ficar lá por mais um tempo. Renovei os votos por mais um ano.

Quando encontrei pela primeira vez meu professor, o renomado mestre tibetano Choje Akong Tulku Rinpoche, não gostei muito dele. Achei-o mal-humorado. Eu o respeitava: conseguia perceber que ele era poderoso em um bom sentido e sabia que trabalhava incansavelmente para ajudar pessoas no mundo todo, mas queria ficar longe dele. Acho que eu tinha medo da verdade que ele representava. Às vezes eu o evitava, mas às vezes corria até o seu escritório em busca de alívio para as angústias de minhas emoções.

Fui conhecendo-o aos poucos. Um dia fui falar com ele e o encontrei andando em volta de uma imensa escrivaninha circular repleta de papéis – documentos relacionados aos seus muitos projetos de caridade em alguns dos países mais pobres do mundo. Estava sem sapatos, só de meias, muito relaxado. De vez em quando, tirava *musli* seco de um pequeno saco plástico e comia. De repente, tive a sensação de que sua mente era tão vasta quanto o céu. Daquele momento em diante, passei a confiar nele de forma irrestrita e busquei aprender tudo o que ele tivesse para me ensinar.

Rinpoche começou a me ensinar a trabalhar com minha mente. Ele também me orientou a realizar alguns retiros individuais de meditação. Em meu segundo ano no monastério, mergulhei em meu primeiro retiro e passei nove meses sozinho. Fui até uma casa isolada no topo da colina em que o monastério ficava. As pessoas fizeram apostas para ver se eu sobreviveria, mas Rinpoche me encorajou.

Durante o retiro, fui até o extremo: eu jejuava dia sim, dia não, e guardava silêncio durante minhas longas sessões de prática meditativa. Naquela época, tudo era intensificado. Lembro de me sentir confuso e, ao mesmo tempo, determinado a seguir em frente. Minhas sessões meditativas se baseavam na compaixão, e comecei a ficar obcecado com a ideia de ajudar e servir aos outros. Pensei em me tornar médico ou enfermeiro, e depois decidi dedicar minha vida a ser monge. Isso significaria manter meus votos pela vida toda, vestir o hábito de monge para sempre e viver uma vida devotada ao ensino da meditação e a ajudar as pessoas. Eu me convenci de que essa vida seria útil e plena de significado e percebi que, se aprendesse mais sobre a meditação, poderia contribuir com os outros e oferecer-lhes algo que parecia valioso. Ao mesmo tempo, a ideia me assustava e me dava vontade de correr de volta para Nova York. Mas acabei mergulhando de cabeça e fazendo "votos vitalícios". Assim que saí da cerimônia de votos, senti que cada célula de meu corpo estava enfim no seu devido lugar. Era como a sensação de voltar para casa. No momento em que escrevo isso, sou monge há 26 anos. Logo depois que assumi esse compromisso, Rinpoche me encorajou a dar aulas de meditação básica.

COMECE PELOS SENTIDOS

Como vimos no capítulo anterior, podemos começar nosso treinamento aprendendo a focar a atenção em nossos sentidos. Podemos focar em nosso corpo, em nossa respiração, em ouvir sons ou em olhar para objetos. Isso ajuda a estarmos presentes e nos ensina a não nos emaranharmos demais com nossos pensamentos. Treinaremos para voltar ao foco escolhido sempre que percebemos que nossa mente se distraiu.

Nosso cérebro pode realizar muitos tipos de *multitasking*. Podemos, por exemplo, falar com o passageiro ao nosso lado enquanto dirigimos um carro. Mas o interessante é que nossos pensamentos não conseguem nos surpreender quando estamos focados em um de nossos sentidos. Assim como é impossível dirigir um carro em duas marchas diferentes, não podemos estar calmos e estressados ao mesmo tempo.

Existe uma metáfora para tal uso de nossos sentidos: podemos dizer que a mente é como um macaco vivendo dentro de uma casa. A casa tem cinco janelas que representam cada um de nossos cinco sentidos. O macaco, que representa nossa consciência, corre de um lado para outro e olha pelas diferentes janelas. Se você estivesse de pé fora da casa, talvez tivesse a impressão de que há cinco macacos lá dentro, pois o animal muda de lugar em grande velocidade e seu rosto só aparece por poucos instantes em cada janela.

Também há muita "coisa" dentro da casa; elas representam nossos pensamentos e emoções, e às vezes o macaco se dedica a vasculhá-las em busca de comida. Meditar é como pegar o macaco e obrigá-lo a ficar parado enquanto observa por uma única janela – ou seja, foca em uma das "vias" de nossos sentidos, em vez de ficar saltando de um para outro. Na meditação, usamos a sensação de nossa respiração, fitamos um objeto ou usamos qualquer um de nossos sentidos.

COMO COMEÇAR

Para começar, comece.
WILLIAM WORDSWORTH

Se você quer aprender a meditar, o melhor é começar agora mesmo, sem hesitar. Você não precisa esperar até que esteja "pronto". Você já está pronto a qualquer momento.

Onde meditar

O lugar ideal para uma sessão de meditação deve ser tranquilo. Não precisa ser 100% silencioso, o que é impossível, mas deve ser ao menos relativamente quieto. É melhor se posicionar em um local não muito espaçoso e onde não haja portas ou janelas atrás de você; você pode se sentir inquieto sabendo que pode haver algo às suas costas. É uma reação natural, um mecanismo de sobrevivência que nos deixa sempre alertas para o perigo. A posição ideal é junto a uma parede ou em um cantinho, pois isso traz segurança e estabilidade. Escolha um cômodo pouco entulhado e não muito quente, o que pode deixá-lo sonolento.

Como se sentar

A postura é importante, pois a mente e o corpo estão ligados. A posição tradicional de meditação é a postura em que se permanece sentado no chão (geralmente, na ponta de uma pequena almofada) com as pernas cruzadas. Mas muitas pessoas preferem se sentar em uma cadeira, e não tem problema nenhum nisso. O principal é manter as costas retas. Em vez de se apoiar contra o recosto de uma cadeira, você pode colocar uma pequena almofada junto à base da coluna para apoiar a parte inferior das costas, mas o restante de sua coluna deverá ficar ereto sem a ajuda de apoios, a não ser que você tenha algum problema físico. Sentar-se dessa forma aumentará sua consciência e evitará a sonolência; por isso, o ideal é utilizar uma cadeira bem firme. Também é possível meditar deitado, se essa for sua única opção.

Seus pés devem ficar paralelos e apoiados no chão. Suas mãos podem ficar em seu colo com as palmas voltadas para cima – mão direita sobre a mão esquerda, as pontas dos dedos mal se tocando – ou apoiadas em suas pernas, com as palmas apoiadas sobre os joelhos ou a coxa. Essa posição das mãos ajuda a criar uma sensação de simetria e equilíbrio para o corpo e a mente.

Suas costas ficam retas e o pescoço, levemente inclinado com o queixo um pouco recolhido, como se você estivesse "guardando-o" junto ao corpo. A face fica relaxada, os lábios e os dentes nem cerrados, nem escancarados – deve haver apenas um pequeno espaço entre eles.

Encoste a ponta da língua no céu da boca, logo acima dos dentes superiores (isso fará com que você não produza muita saliva, o que poderia distraí-lo).

Olhos abertos ou fechados?
O melhor é manter os olhos abertos sem deixar que perambulem pelo cômodo: fite o espaço à sua frente, talvez em um ângulo descendente. Claro, você deve piscar sempre que precisar. Não foque em nada específico, apenas fite o espaço.

Ficar de olhos abertos deixará você menos sonolento e o incentivará a desenvolver sua presença e consciência. Além disso, quando fechamos os olhos para meditar, podemos acabar associando o estado meditativo à escuridão, tornando muito mais difícil incluir a prática em nossa vida diária – isso é, inserir essa meditação em nossas atividades cotidianas. Talvez você sinta vontade de fechar os olhos por sentir que os objetos ao seu redor são distrações, obstáculos para a paz e tranquilidade. No entanto, ao estimular essa mentalidade, você pode acabar construindo uma sutil sensação de medo e rotulando o mundo externo como "inimigo" de sua mente. Na verdade, o mundo "externo" é apenas aquilo que você vivencia *com* a mente, e por isso você pode se contentar em relaxar em vez de tentar desligá-lo.

Talvez a vontade de fechar os olhos sugira que associamos a meditação ao desligamento, a um estado de semiconsciência como o transe ou a hipnose, e isso revela algumas de nossas crenças mais enraizadas sobre o relaxamento. As pessoas tendem a ver o relaxamento como um estado passivo de desligamento, enquanto a meditação cultiva um tipo de relaxamento marcado pela clareza e consciência. Com os olhos abertos, é possível alcançar maior clareza mental e evitar um estado sonolento ou enfadonho.

Meditar com os olhos abertos é afirmar que tudo está bem da forma que é, que não é preciso se livrar de nada. Isso cria uma sensação de abertura e destemor – a psicologia de estar "de bem com tudo". Você aprende a estar no presente sem alterar nada; assim, você está *mesmo* neste momento, da forma como ele é. Muitas pessoas lutam contra isso no início, porque sentem a ânsia de desligar tudo e fugir. Mas, se você persistir, os benefícios serão tangíveis.

Música?

Algumas pessoas gostam de colocar música de fundo ou algum áudio relaxante para tocar enquanto meditam, mas essa não é uma ideia muito boa. Ela cria uma associação entre esses sons e a meditação, e fará com que seja cada vez mais difícil integrar a prática à sua vida cotidiana, pois você sempre precisará da música para acessar o estado meditativo. Além disso, o uso da música sugere que *você* não é suficiente, que é preciso outra coisa para encontrar a paz, quando, na realidade, tudo o que é preciso para meditar está dentro de si. Não é necessário escutar barulhos de golfinhos ou sons de florestas tropicais. Isso pode apenas deixá-lo mais insatisfeito com a normalidade da vida mundana, em vez de ajudá-lo a descobrir a beleza e a simplicidade do momento presente e espontâneo.

A meditação guiada (uma gravação de voz que orienta sua prática) não é essencial, mas algumas pessoas acham esse recurso útil enquanto estão aprendendo a meditar ou explorando uma nova técnica. É quase como ter um personal trainer para a mente. Outra possibilidade é testar algum aplicativo de meditação. Mas esse tipo de orientação se torna um problema quando passa a servir de "muleta"; após algum tempo, você pode se tornar dependente da voz daquela pessoa, o que significa que não está mais meditando para si mesmo – quando sua mente se distrair, será a voz, e não você mesmo, que a redirecionará para o foco. Por isso, é melhor praticar sozinho, como se estivesse tirando as rodinhas de uma bicicleta.

Por quanto tempo, e quando é melhor?

A duração ideal de uma sessão varia conforme seu grau de experiência. Para os iniciantes, é bom começar com dez minutos uma ou duas vezes ao dia. É fácil manter essa rotina, pois você não sentirá que está forçando demais sua mente. Com o tempo você poderá começar a ampliar a duração de suas sessões. No final, uma sessão de trinta minutos se tornará um hábito cotidiano fácil de manter e, claro, será melhor se você puder se aventurar em sessões ainda mais longas (ou mais sessões diárias). É bom estabelecer um tempo mínimo e se comprometer a cumpri-lo, pois isso desenvolve a disciplina. Você precisará de algum dispositivo para marcar o tempo, mesmo que seja um alarme (contanto que o toque seja suave, e não perturbador!). Se você se sentar e simplesmente decidir "ver como as coisas vão" será mais difícil incutir disciplina à prática. Você perceberá certa inquietude no instante em que a prática se tornar desafiadora. Por isso, é melhor cronometrar a sessão.

As manhãs são o momento ideal para a meditação. Assim, você começará seu dia da melhor forma possível, determinando o tom que quer para ele. Os níveis de cortisol estão em seu ápice pela manhã (temos um pico do hormônio quando passamos do sono para a vigília), de modo que é bom retomar os níveis normais através da meditação antes de começarmos nossa rotina. Muitas pessoas começam o dia de maneira bem agitada, acordando "violentamente" com o alarme do despertador. Então engolem um pouco de café às pressas e correm para o trabalho, faculdade ou escola das crianças. Talvez você precise de um despertador para acordar, mas pode ao menos reequilibrar seus níveis de cortisol antes de dar prosseguimento ao dia.

Alguns textos espirituais apontam que o período entre às 4 horas e às 7 horas é ideal para o treinamento espiritual. Esse intervalo é chamado de "ascensão da energia", pois é nele que as flores desabrocham. Mas também há outros bons momentos – para algumas pessoas, é impossível meditar pela manhã, e não há problema em fazê-lo à tarde ou à noite.

Há quem goste de estabelecer uma hora para meditar todos os dias, marcar na agenda e, assim, criar um compromisso. Para outros, isso pode ser um problema, pois sentem que "furaram" o compromisso quando perdem uma sessão e, em vez de meditarem mais tarde, decidem deixar para o dia seguinte. Por isso, é importante cuidar de sua disciplina e descobrir o que é melhor para você.

◇ ◇ ◇ ◇ ◇

EXERCÍCIOS DE MEDITAÇÃO

Para os principiantes, é bom começar usando o corpo como o "foco" meditativo. É mais fácil se concentrar no corpo, pois o tato é o mais tangível de nossos sentidos e fornece uma excelente base para todos os outros métodos de meditação. Como é o caso com todos os exercícios deste livro, você pode ler as instruções antes para saber o que fazer enquanto realiza sua sessão.

1. Conectar-se com o corpo

Sente-se em uma cadeira confortável em um lugar relativamente quieto. Nestes primeiros exercícios, não é necessário ficar com as costas perfeitamente retas, e você pode usar uma poltrona. Apresentaremos uma postura que exige mais disciplina quando estudarmos técnicas mais avançadas. Por enquanto, mantenha-se equilibrado e confortável.

Absorva o cômodo ao seu redor. Seus olhos permanecerão abertos, mas evite mexer muito a cabeça. Tome consciência de seu entorno. Explore qualquer característica particular da luz no cômodo: talvez haja sombras ou texturas atípicas de luz. Escute qualquer ruído de fundo e repare em qualquer cheiro. Esteja presente e absorva tudo, sem tentar rotular muito as coisas.

Em seguida, concentre sua atenção em sentir a cadeira na qual está sentado. Repare nos pontos de contato entre seu corpo e o assento.

Após alguns momentos, desvie o foco para a sensação da textura do tecido sob suas mãos, que devem estar apoiadas no colo ou nas pernas.

Então sinta o chão sob seus pés. Mais uma vez, repare na sensação de contato entre seus pés e o chão.

Tome consciência de seus ombros; talvez eles estejam tensos ou encolhidos, mas não se preocupe com isso – apenas tome consciência dessa área do corpo durante alguns momentos com neutralidade.

Concentre-se em seu rosto. Há algum gosto em sua boca? Sem mexê-la, sinta o que existe ali com um pouco de observação curiosa.

Por fim, desvie o foco para a parte frontal de seu corpo e sinta como a respiração (que deve ser natural) faz com que ele se contraia e se expanda um pouquinho, de forma ritmada.

Este exercício pode ser bem curto, com duração de cerca de cinco ou dez minutos.

2. O corpo consciente

Neste exercício mais aprofundado, você desviará sua atenção para a parte superior e inferior de seu corpo enquanto mantém o foco. Muitas pessoas chamam essa prática de "raio X do corpo". O nome pode ser útil, pois, em alguns sentidos, a prática se parece muito com uma tomografia, com uma observação neutra e um movimento constante da atenção. Meditar envolve movimentar seu foco muito vagarosamente por diversas áreas do seu corpo, escrutinando cada parte dele. Há uma linha constante de consciência que se movimenta para cima e para baixo do corpo, como um raio X.

Não tente sentir nada. Pode ser que algumas áreas do corpo abriguem sensações mais fortes, como dor ou tensão, mas em outras você não sentirá nada. Tudo é igual, você está simplesmente vivenciando seu corpo sem rótulos ou julgamentos. Não *tente* relaxar. "Tentar" e "relaxar" são coisas completamente opostas: quanto mais nós "tentarmos", mais longe estaremos de relaxar. Por outro lado, estar presente sem nenhum objetivo ou julgamento nos permite relaxar de forma natural.

Sente-se em uma cadeira confortável com o corpo em uma postura ao mesmo tempo equilibrada e bastante relaxada, ou deite-se de costas no chão ou em uma cama com a coluna reta. Se estiver deitado, coloque um travesseiro ou almofada sob a cabeça para apoiá-la. Talvez você queira colocar outro travesseiro debaixo dos joelhos.

Ao começarmos uma sessão de meditação, sempre é bom cultivar por alguns instantes uma motivação compassiva que sirva de base para a nossa prática. Por isso, defina sua intenção de meditar para benefício próprio, e também dos outros. Ao praticar a meditação você desenvolverá habilidades que poderão trazer mais paz para a sua vida e o mundo ao seu redor.

Então, foque sua atenção nos pés. Tome consciência dos dedos de ambos os pés simultaneamente. Carregue sua atenção dos dedos para os pés, incorpore as solas, o peito do pé e os calcanhares e, em seguida, suba gradualmente pelos tornozelos. Você deve deixar de focar em cada área assim que migrar para a próxima.

Movimente lenta e suavemente o foco de sua atenção para a panturrilha e, então, suba pelas pernas em direção aos joelhos.

Explore as diferentes regiões dos joelhos e suba para as coxas, e então para a pelve e as nádegas.

Apenas sinta seja lá o que você estiver sentindo ou deixando de sentir. Não tente rotular, julgar ou mudar nada.

Então você chegará aos quadris, à parte inferior do abdômen e à cintura. Na sequência, desvie sua atenção para a mão e os dedos, focando nas duas mãos ao mesmo tempo. Comece com a ponta dos dedos e suba aos poucos pela mão.

Então, foque em seu pulso e no antebraço. Suba para os cotovelos, para o braço e, por fim, para as axilas e os ombros.

Durante o processo, sempre que se distrair com pensamentos, memórias, emoções, sons ou qualquer outra coisa, simplesmente retorne à área do corpo em que você estava focado. A mente se distrai, só o que você precisa fazer é capturar a atenção com cuidado e trazê-la de volta, usando seu corpo como uma espécie de âncora.

O passo seguinte é trabalhar com o torso, começando outra vez pelo pulso e pela parte inferior das costas e seguindo para cima, cobrindo todas as áreas frontais, laterais e da coluna, uma de cada vez.

Depois, foque no peito e na parte superior das costas, nas axilas e nos ombros outra vez, e então suba para o topo dos ombros. Muitas pessoas encontram grande tensão em seus ombros, mas é importante manter-se neutro, sem julgar ou rotular. Apenas deixe as coisas do jeito que encontrá-las.

Então vem o pescoço: suba passo a passo e foque na mandíbula e na cabeça, passando depois para a região da boca (lábios, dentes e língua).

Siga para as bochechas e o nariz, suba para os olhos e sobrancelhas e percorra a parte superior da cabeça – testa, cabelos e, por fim, o topo de sua cabeça.

Foque sua atenção ali durante alguns momentos, deixando sua consciência descansar neste ponto.

Agora, faça o processo inverso e viaje para baixo, mas de forma mais ágil, da cabeça aos dedos do pé. É um pouco como um rio que corre. Dessa vez, desça por porções inteiras e mais amplas, de forma menos detalhada.

Depois de fazer isso, o último estágio consiste em estar presente de corpo inteiro, sentindo seu peso e sua imobilidade, seja sentado na cadeira ou deitado no chão ou na cama. Sinta o apoio abaixo de si e tome consciência desse contato. Você está sendo completamente sustentado por um móvel ou pelo chão e não precisa segurar seu corpo; você pode se soltar.

Então, comece a reparar nos movimentos suaves de sua respiração. Respire de forma natural, sem tentar fazer nada de diferente. Apenas esteja presente e sinta o corpo subindo e descendo a cada inspiração e expiração. Fique com essa sensação por alguns momentos e, sempre que perceber que sua mente se distraiu, retorne com calma seu foco para a maneira como a respiração move seu corpo.

Finalmente, para concluir a sessão, reafirme o desejo de bondade, a intenção de beneficiar a si próprio e aos outros. Você vai lembrar a si mesmo da base de compaixão da sua jornada meditativa. Faça isso assumindo mentalmente o compromisso de meditar não apenas para si, mas também para os outros.

A duração deste exercício é autorregulada, visto que é preciso concluir todo o processo. Ele pode levar de dez a quinze minutos, ou mais, se você assim desejar. É importante não ter pressa.

É interessante apontar que algumas pessoas ficam um pouco tontas após a prática do "corpo consciente". Você pode ficar se sentindo "aéreo". Se for o caso, faça a varredura apenas no sentido da cabeça aos pés, ou seja, apenas de cima para baixo, devagar na primeira vez e, na segunda, um pouco mais depressa.

Muitas pessoas têm uma relação complexa com seu corpo devido a questões ligadas a aparência, idade, saúde e desconfortos físicos. É possível que essa relação mude conforme formos aprendendo a usar o corpo como ferramenta para treinar a mente. Nós passamos por cada parte do corpo sem emitir julgamentos, apenas *estando* com o corpo, e, nesse sentido, a prática pode ser muito libertadora.

Um aspecto interessante do corpo é que, se você deixá-lo em paz e apenas tomar consciência dele sem emitir julgamentos, as tensões começam a se desfazer por conta própria – como uma cobra que deu um nó no próprio corpo. Quando as cobras relaxam, o nó se desfaz de forma natural.

CONSELHOS GERAIS PARA SESSÕES DE MEDITAÇÃO
É importante praticar a meditação sem pensar muito nem julgar o que você está fazendo. Um clássico é o meditador que pensa: "Estou meditando agora? Estou indo bem? Está tudo certo?". No instante em que pensamos "Estou meditando?" nós *não* estamos meditando!

Somos programados com a necessidade de *sentir* algo. Essa tendência se torna inimiga do meditador, que fica esperando que surja um sentimento que, acredita ele, validará sua experiência. Isso significa que ele não está mais meditando, mas caçando. Nós nos entediamos com muita facilidade e buscamos estímulos, mas na meditação é importante relaxar e sentir as coisas como elas são. Não há necessidade de sentir algo específico, nem de esperar por resultados.

Em seguida, podemos trabalhar para transformar a meditação em hábito, e boa parte disso consiste em praticar momentos de *mindfulness* ao longo do dia. Esse é o tema central do próximo capítulo.

6

CRIANDO O HÁBITO

PARA QUE A MEDITAÇÃO FUNCIONE, ELA PRECISA SE tornar um caminho, uma jornada, em vez de uma experiência aleatória com a qual nos deparamos de tempos em tempos. *Treinar* a meditação significa construir hábitos positivos, sessão após sessão, de forma muito parecida com o que acontece quando vamos para a academia exercitar nossos músculos.

A repetição cria uma tendência que gera efeitos duradouros. Nossa vida funciona em torno de hábitos. De fato, tudo o que fazemos é ao mesmo tempo resultado de velhos hábitos e a criação de novos. Sempre que ficamos chateados, por exemplo, isso ocorre porque já temos essa tendência dentro de nós; ao mesmo tempo, estamos perpetuando o hábito de ficarmos chateados, e isso gradualmente se torna parte de quem somos (ou, para ser mais preciso, de quem nós *achamos* que somos). Se formos capazes de entender isso, veremos que é possível mudar nossos hábitos e assumir maior controle de nossa vida.

Devido à neuroplasticidade, a repetição de um treinamento cria mudanças significativas. A construção de hábitos positivos e eficazes é, portanto, de grande importância. Como vimos, durante uma sessão de meditação nós nos conectamos o tempo todo com nossa consciência. Isso fortalece bons hábitos como a resiliência, a paz e a felicidade. A forma mais poderosa de colocar isso em prática é se sentar com frequência para meditar e incutir a meditação em nossa vida diária por meio da prática de momentos de *mindfulness*. Como a repetição é necessária para as mudanças duradouras, é importante tentar meditar todos os dias. A chave para o nosso progresso é somar essa repetição e a prática do *mindfulness* em nosso cotidiano.

MOMENTOS DE *MINDFULNESS*

Todos os dias, muitas pessoas meditam, mas se esquecem de integrar essa prática à vida cotidiana. Fazer isso é como deixar a meditação na almofada antes de sair para o trabalho. Você não sentirá muitos efeitos, pois dificilmente dez a quinze minutos diários de meditação (contra muitas horas de distração) farão alguma diferença. É como se fôssemos duas pessoas que nunca se encontram: o meditador e o não meditador. Precisamos combinar as duas abordagens: nossa sessão diária de meditação nos propicia um grande treinamento mental e nos permite lidar de forma eficiente com nossos pensamentos. Mas, se quisermos garantir a total integração do poder meditativo a nossa vida, devemos combiná-la com a prática de pequenos momentos de *mindfulness* diversas vezes ao dia.

Durante muitos anos, meditei por duas horas todos os dias, sem praticar esses momentos de *mindfulness* fora das sessões. Por isso, eu sentia que minha evolução havia estagnado. Certo dia, quando estava de pé no metrô lotado de Londres durante a hora do *rush*, cansado, com fome, um pouco triste e me sentindo pressionado pela agenda lotada, de repente me ocorreu um pensamento: "E se eu começasse a praticar o que prego?". Comecei a focar na sensação do chão sob meus pés e no balanço do trem. Prestei atenção na alça da minha bolsa pesando em meu ombro: agora ela parecia uma massagem, e não pressão. Pratiquei diversos desses momentos durante a viagem e, como resultado, saí do metrô me sentindo 10 anos mais jovem. Desde então, acredito que mergulhar nesse estado de *mindfulness* diversas vezes ao dia é o caminho mais rápido para a felicidade.

Criar esses breves momentos regulares de consciência plena – "micromomentos" – ajuda a não nos afastarmos demais da prática meditativa. Podemos fazer com que essa prática perdure o dia todo e, pouco a pouco, se torne o nosso estado-padrão. Assim, não pisaremos na bola nem mesmo quando estivermos muito ocupados. Isso pode transformar nossa vida de forma radical.

DOIS PASSOS PARA APRENDER A PRATICAR "MOMENTOS DE *MINDFULNESS*"

Passo 1
É bom começar escolhendo duas ou três ações banais que você realiza todos os dias: coisas simples como escovar

os dentes, lavar as mãos, comer, caminhar, subir escadas etc. Você pode usar essas ações como um "disparador" de *mindfulness*: quando tiver que fazê-las, concentre-se no aspecto físico da tarefa sem se deixar perder em meio aos comentários que surgem em seu pensamento. Quando lavamos as mãos, por exemplo, costumamos estar muito distraídos, mas agora você permanecerá totalmente presente. Claro que sua mente logo começará com os comentários: "O cheiro desse sabonete é ótimo, tem cheiro de rosas. Minha avó tinha rosas no jardim – ou eram narcisos? Que saudades da minha avó...". Ao perceber que se distraiu, traga sua atenção de volta para o ato de lavar as mãos, para a pura experiência do aqui e agora. Sinta as sensações, focando sua mente no que está fazendo. Sinta os movimentos das mãos, a textura do sabonete e a sensação da água. Focar em sensações e movimentos físicos faz com que seja fácil aprender a ser pleno. Você se tornará perito em utilizar certas ações como "cabides" em que você pode apoiar sua mente e acabará criando um hábito. Até mesmo atividades entediantes e insuportáveis, como lavar a louça ou passar a roupa, podem se tornar interessantes quando você as reconfigura como oportunidades para treinar a mente.

É bom praticar isso durante trinta dias: o tempo que costumamos levar para consolidar um novo hábito. Você pode anotar as duas ou três ações de sua escolha e pendurar pequenos bilhetes pela casa ou em sua escrivaninha para que sirvam de lembretes. Todas as manhãs, ao acordar, lembre-se dessas ações específicas (é melhor usar sempre as mesmas, todos os dias, durante um mês) e comprometa-se a desempenhá-las com *mindfulness* no dia que se inicia. Antes de ir para a cama à noite, repasse seu dia e pense quantas vezes você conseguiu praticar o *mindfulness* ao realizar essas ações específicas. É importante manter a curiosidade e a complacência ao longo do processo, sem se sentir um fracasso nem pegar pesado demais quando você se esquecer.

Passo 2
Passados trinta dias, o próximo passo é aplicar isso a todas as suas atividades e praticar micromomentos de *mindfulness* muitas vezes ao dia, sempre que você se lembrar de fazer isso. Já não se trata de escolher ações específicas como disparadores, mas de mergulhar o tempo todo em um estado de *mindfulness*, alguns segundos por vez, não importando o que você estiver fazendo. Mais uma vez, você pode usar suas sensações – como o contato do chão com seus pés ou entre seu corpo e a cadeira, mesmo que esteja em um escritório cheio e barulhento. Você também pode focar em um objeto à sua frente ou em um som durante alguns segundos.

DICAS PARA O SUCESSO

Não interrompa suas atividades para atingir o *mindfulness*. Você não precisa largar tudo e fazer uma pausa para essa prática. Isso seria separar o modo de consciência plena de sua vida normal: **é como se você dissesse** a si mesmo que precisa *parar o que está fazendo* para praticar o *mindfulness*. Nesse caso, ele se tornaria inviável sempre que você estivesse ocupado, e seria impossível integrá-lo totalmente à sua vida. Esse é um dos motivos pelos quais destaquei que é importante aplicar o *mindfulness* a ações diárias que envolvem movimentos, como escovar os dentes ou lavar as mãos.

Não desacelere Não faça as coisas em câmera lenta, pois isso também afastaria o *mindfulness* de sua vida real. Às vezes, tenho a impressão de que as pessoas associam todas as práticas "espirituais" a certa "leveza" e a um estado de transe. Na verdade, se insistirmos nessa ideia, criaremos uma imagem sobrenatural e glamourizada da meditação e adotaremos uma postura cada vez mais artificial em relação a quem somos de verdade. Uma amiga me disse no monastério que, certa vez, ela havia decidido manter a consciência plena durante um dia inteiro. A certa altura, um dos visitantes a abordou para perguntar se ela estava se sentindo bem. Em resumo, ela estava caminhando muito devagar e parecia estar passando muito mal.

Em uma ocasião, visitei outro monastério e vi um monge ali limpando um radiador e esfregando-o com um pano macio em câmera lenta. A cena era dolorosamente vagarosa. Até achei aquilo muito bonito, como uma dança moderna, mas a verdade é que não tinha muita utilidade, pois ninguém vive daquela forma.

Não prolongue Isso significa não tentar manter o *mindfulness* por períodos muito longos. O resultado pode ser opressor, pois você fará esforço demais para entrar e permanecer em um estado de plenitude, quase como se obrigasse uma criança a ficar sentada. Isso fará com que sua mente se rebele, acumulando tensão e distrações. Doses frequentes e moderadas são muito mais úteis. Elas farão com que você goste da prática.

DOMINANDO OS MOMENTOS DE STRESS

Quando dou palestras para membros do mundo corporativo, costumam pedir que eu ensine alguma técnica especial que permita às pessoas "se animar em" quando estiverem estressadas. Sempre explico que as coisas não funcionam assim. Quando estamos sob stress, nossos hábitos assumem as rédeas e chutam para escanteio qualquer tentativa de *mindfulness* – a não ser, é claro, que já tenhamos desenvolvido esse *hábito*. Não podemos guardar essas técnicas na manga e recorrer a elas durante uma emergência, mas podemos criar o hábito da meditação e de aplicar o *mindfulness* à nossa vida cotidiana. Assim, desenvolveremos a força e a resiliência necessárias para enfrentar esses momentos de stress.

Hoje em dia, viajo muito por conta de meu trabalho como professor. Quando estou esperando em uma fila de aeroporto ou em um trem lotado, tento sentir o chão sob meus pés, relaxar os ombros e gerar breves momentos de *mindfulness*. O efeito é incrivelmente revigorante e confortador, e mudou por completo minha relação com o stress. Aprendi que a felicidade é uma habilidade que deve ser exercitada a todo momento.

Antecipe-se às dificuldades cuidando do que é fácil.
LAO TZU

O ideal é seguir um método passo a passo. Depois que estiver acostumado a praticar o *mindfulness* diversas vezes ao dia, você terá mais facilidade para exercê-lo durante momentos de stress. A prática já será um hábito consolidado, e então será hora de levá-la a *todos* os âmbitos de sua vida.

Um bom método é começar trabalhando a partir do stress "fácil", como aquele que sentimos em filas e salas de espera. Isso pode nos preparar para momentos de maior stress e até mesmo para situações de pânico. Quando esperamos, é comum ficarmos tensos, impacientes e sentirmos que nosso tempo está sendo roubado. Mas por que não encarar esse tempo como um *presente*? Talvez você esteja preso no trânsito, em um semáforo fechado, de pé em uma fila, esperando uma chaleira ferver ou, quem sabe, a internet caiu ou ficou lenta. Telefonar para um *call center* e ficar na espera é muito bom para isso também. Até mesmo momentos minúsculos, como aquele em que você apertou o botão do elevador ou está esperando um e-mail abrir. Durante esses momentos, geralmente sentimos um ímpeto de apressar as coisas, pois não gostamos da frustração de estarmos empacados. Em vez disso, você pode apenas "se soltar e relaxar": sentir o chão sob os seus pés ou a cadeira junto ao seu corpo; ou quem sabe focar em sua respiração, em um som ou em um objeto. Apenas se deixe levar pelo momento.

Talvez você esteja preso no trânsito. Em vez de ficar tenso e agarrar o volante com toda a força, você pode relaxar as mãos e explorar a sensação do toque, sentindo a textura do volante sob seus dedos. Você aprenderá a se manter calmo em uma situação que normalmente o faria perder a cabeça. Isso poderá ajudá-lo em âmbitos mais complicados de sua vida, pois a calma se tornará sua resposta habitual.

Na maioria das vezes, nosso cérebro está programado para reagir de forma tensa quando precisamos enfrentar uma situação difícil, mas com esse exercício nós reprogramaremos nosso sistema e aprenderemos que a pressão pode ser sinônimo de alívio. Trata-se de mudar nossos hábitos e transformar a maneira como vivenciamos as coisas por meio – literalmente – da construção de novas vias neurais em nosso cérebro. Isso não significa que nos tornaremos "capachos", apenas que saberemos lidar com qualquer coisa sem dar muita importância àquilo. O verdadeiro desafio é manter a cabeça fria e não se estressar, pois essa é a melhor base para agirmos de forma decisiva quando isso é necessário.

Praticar momentos de *mindfulness* enquanto esperamos também cria uma relação diferente com o tempo. Todos adoraríamos que houvesse mais feriados ou ter mais tempo para relaxar sem fazer nada. Não raro, reclamamos que não temos tempo suficiente. Na verdade, nos é servido "tempo de folga" em uma bandeja de prata sempre que estamos esperando alguma coisa. Imagine só se fôssemos capazes de aprender a desfrutar desses momentos e usá-los para relaxar!

Para quem trabalha, praticar esses momentos pode ressignificar a discussão sobre como conciliar a vida pessoal e a profissional. Sempre achei esse debate um pouco polarizado, pois ele sugere que precisamos manter o trabalho sob controle se quisermos ter mais tempo para a vida. Se nossa jornada de trabalho for uma mera sequência de reações e não possuirmos as ferramentas mentais necessárias para transformar o stress, não há dúvidas de que passaremos o dia ansiosos para sair do trabalho e começar a viver nossa vida. A beleza das técnicas aqui apresentadas é que elas nos ajudam a relaxar em todos os momentos, incorporando tudo à jornada em busca do *mindfulness*.

Aeroportos e rodoviárias oferecem oportunidades interessantes para o nosso treinamento. Costumamos preencher os breves intervalos que passamos nesses locais com consumo: compramos, comemos, gastamos dinheiro em coisas de que não precisamos. A situação de cativeiro nos deixa com poucas opções. Conferimos o celular obsessivamente, mas será que não sabemos *apenas ser*? Diferente do que descrevi, os aeroportos poderiam servir como retiros de meditação!

Quando telefonamos para um *call center* e nos dizem que somos o "número dez da fila", resmungamos, frustrados. Se soubéssemos como relaxar durante esse intervalo, talvez desejássemos ser o número vinte, pois acabamos de ganhar uma ótima oportunidade! Essas técnicas podem nos ajudar a fazer as pazes com a realidade, seja qual for a situação em que nos encontramos.

Essa nova relação com nossas experiências pode gerar uma sensação de alegria incondicional. Na próxima vez que estiver preso no trânsito, em vez de ficar irritado automaticamente, você pode pensar com entusiasmo: "Ah, que bom! Agora posso fazer aquele negócio que li no livro daquele monge!". Você vai encarar o congestionamento como uma oportunidade de ouro para treinar, uma grande chance de aprender a abraçar um momento difícil. Esse é o caminho para a felicidade: você começará a aproveitar absolutamente tudo. Trata-se de aprender a se apaixonar pela realidade. No lugar daquela reação habitual de se fechar para o mundo sentindo-se acuado, você construirá caminhos para a alegria. *Isso* é a verdadeira felicidade.

COMER COM PLENITUDE

Às vezes parece que nós, enquanto sociedade, desaprendemos a comer de forma adequada. O intervalo de almoço de uma hora está quase extinto: hoje, as pessoas se limitam a comprar um sanduíche e correr de volta para suas mesas, onde comem enquanto trabalham. Comemos de pé, falando ao telefone ou conferindo as redes sociais, apressados e distraídos. Mas comer de forma plena pode ser outra forma de trabalhar o *mindfulness* em nossa rotina, além de ser potencialmente muito benéfico para a saúde.

Quando comemos distraídos, não mastigamos a comida direito – atiramos tudo goela abaixo e engolimos depressa. Não mastigar bem leva a uma produção insuficiente de saliva, que contém enzimas digestivas essenciais para a quebra adequada dos alimentos e a absorção de seus nutrientes. O *modo como comemos* pode ser um dos fatores que contribuem para a atual epidemia de obesidade.

Ao comermos praticando *mindfulness*, mastigamos e digerimos a comida da maneira certa. Temos consciência do que estamos comendo, e talvez acabemos comendo menos do que achávamos ser preciso. Parte do *mindfulness* é ter sabedoria para observar o que estamos fazendo e entender o que é melhor a longo prazo. Isso nos permite entender que comer apenas porcarias é o mesmo que tratar nosso corpo como se fosse uma lata de lixo. Também começamos a reparar se estamos comendo de forma "emotiva", apenas para preencher um vazio. Quando ficava estressado, eu costumava entrar em um café feito um zumbi e comer duas minibaguetes com queijo para me acalmar. Eu mal sentia o gosto. Devorar carboidratos sem pensar em nada tinha o efeito de uma droga.

Comer com *mindfulness* também pode nos ajudar a prestar mais atenção nas questões éticas que envolvem nossa comida e a pensar com mais cuidado em tudo o que aconteceu sem que nós víssemos durante a produção de nossos alimentos. Também podemos reconhecer que inúmeras pessoas se esforçam muito durante essa produção e, por isso, seria um desrespeito não saborear a comida direito.

Comer com *mindfulness* resume-se a comer de forma consciente. Concentre-se em cada parte do processo de levar a comida até a boca, mastigar e engolir. Experimente as sensações e os sabores com atenção plena. Se estiver jantando com amigos, ficar sentado em silêncio não dará certo; mas você está fadado a fazer algumas refeições sozinho, e mesmo nas refeições conjuntas você pode saborear algumas porções com atenção plena. Sempre existe um jeito de integrar essas práticas à sua vida de forma natural, sem ser muito severo.

PRATIQUE SEMPRE, INDEPENDENTEMENTE DE QUALQUER COISA

É muito importante adquirir o hábito de praticar sessões diárias de meditação, bem como momentos de *mindfulness* ao longo do dia – inclusive quando você está se sentindo triste, cansado ou mal. Assim, você aprenderá a estar presente em *qualquer* momento, e não somente nos "divertidos". O importante é ser forte, independentemente das circunstâncias. Talvez você consiga praticar a meditação com regularidade até que algo interrompa sua rotina, como dor de cabeça, doenças, fadiga ou desânimo. Nessas horas, é tentador fugir da meditação; você terá vontade de postergá-la até que se sinta melhor, pois talvez ache que essa prática não será "de qualidade". Mas uma prática de qualidade não implica se sentir bem – o importante é treinar a transformação mental em todas as situações.

Durante um de meus longos retiros, fiquei muito doente. Eu havia contraído febre tifoide antes de ir para o retiro, enquanto viajava pela Ásia. Eu me sentia mal, tinha dificuldades para manter o corpo ereto, e era muito difícil agir dentro da normalidade. Por isso, pedi ao líder que me dispensasse por uns dias do cronograma de sessões de meditação. Mas ele me ajudou a ver que *a prática em si* é a folga. Quando não estamos bem, só queremos descansar, e na verdade a meditação é uma forma muito profunda de descanso. Acho que eu ainda não havia compreendido muito bem o que seria uma "boa sessão de meditação", e por isso meditar se tornara penoso. Assim, me escorei em algumas almofadas e segui em frente.

A única exigência para meditar é estar ali e tentar não classificar sua experiência do presente como boa ou ruim, seja ela como for. É um grande ato de bondade para com nós mesmos, pois com ele aprendemos a aceitar as coisas, a sermos livres e, por consequência, a sermos felizes de forma incondicional. Isso nos ajuda a enfrentar as muitas formas de stress presentes em nossa vida, pois a prática meditativa acaba prevalecendo sobre nossa reatividade ao stress.

Talvez você esteja enfrentando dores físicas, mas é possível aprender a *estar* com essa dor de forma plena. Você pode se refugiar na experiência nua e crua da dor. Isso é bem diferente de tentar se livrar dela, o que causaria sofrimento. Em termos estritos, a dor não está no corpo – é uma experiência mental. Quando sentimos dor física, o que nossa mente vivencia é a *resistência* à dor. Nesses momentos de dor, a plenitude mental nos leva a relaxar no contexto *das coisas que são* sem julgarmos e sem tentarmos repelir essas sensações. Isso não quer dizer que a dor sumirá, mas que nossa relação com ela mudará de forma a torná-la mais tolerável. Descobrir isso nos torna mais resilientes e serve de caminho para a felicidade duradoura, pois aprendemos a manter uma atitude positiva mesmo quando tudo nos puxa na direção contrária.

SEJA BREVE

Quando somos principiantes, forçar a prática de sessões meditativas longas e penosas pode acabar gerando resistência. Assim, teremos mais dificuldade para realizar os exercícios todos os dias. Vale mais a pena praticar sessões breves e regulares de meditação. Por isso, costumo recomendar que as pessoas comecem com sessões de dez a quinze minutos. Teremos mais chances de criar um hábito se nossa meta for factível. Também é importante não se concentrar tanto nos resultados. Se você busca uma "solução rápida" na meditação, terá boas chances de se frustrar e acabar desistindo. É melhor encará-la como uma escolha de vida a longo prazo e relaxar até que ela se torne parte natural de quem você é.

PRIMEIRO PENSAMENTO, ÚLTIMO PENSAMENTO

Quando você acorda pela manhã, sua mão procura imediatamente pelo celular ao seu lado? Você então já o coloca diante do rosto sem nem dar tempo para que seus olhos abram direito? Qual é o seu primeiro hábito do dia?

Ajuda muito fazer do primeiro momento de seu dia (e do último antes de adormecer) um momento de *mindfulness*. Assim que acordar, antes mesmo de se mexer ou levantar, tome consciência de seu corpo, sinta o peso dele sobre a cama e sinta a cabeça no travesseiro. Acostume-se aos poucos com o quarto ao seu redor. Exercitar esse momento de plenitude instila um hábito poderoso e ajuda a fazer desse o seu estado-padrão.

Antes de dormir, em vez de remoer pensamentos sobre o dia, você poderia mergulhar em um estado de plenitude mental: concentre-se no contato de sua cabeça com o travesseiro ou entre seu corpo e a cama. Repare nas suaves subidas e descidas de seu corpo ao respirar naturalmente e sem esforço.

Começar e terminar cada dia com um momento de *mindfulness* vai ajudá-lo a desenvolver esse hábito e mantê-lo sempre por perto, tornando-o cada vez mais natural.

✻ ✻ ✻ ✻ ✻ ✻

EXERCÍCIOS DE MEDITAÇÃO

1. Micromomentos

Aprenda a praticar micromomentos de *mindfulness* no cotidiano seguindo os passos listados acima neste capítulo.

O primeiro passo é escolher duas ou três ações corriqueiras que você executa mais de uma vez por dia. Decida-se a buscar o *mindfulness* ao empreendê-las e tente fazer disso um hábito durante trinta dias. Como queremos criar um hábito, ajuda muito trabalhar sempre com as mesmas ações.

O segundo passo é praticar micromomentos de *mindfulness* – e não somente aqueles ligados a ações específicas – muitas vezes ao dia. Use qualquer um de seus sentidos como foco. Por exemplo, foque na sensação de estar de pé, sentado ou caminhando; olhe para um objeto; ou escute qualquer som existente ao redor.

Depois que se acostumar a isso você pode começar a aplicar o *mindfulness* deliberadamente quando estiver esperando algo, reprogramando assim seu modo de reagir ao stress.

2. Som

Esta é uma prática meditativa que usa o som como foco para a mente.

Em primeiro lugar, posicione-se com uma boa postura. Sente-se em uma cadeira firme, com as costas retas, sem se apoiar no encosto. Coloque uma almofada junto à base de sua coluna, caso prefira. Seus pés ficam apoiados no chão, paralelos um ao outro. Mantenha o corpo equilibrado. Descanse as mãos no colo com as palmas voltadas para cima, a direita apoiada na esquerda, a ponta dos dedões se tocando. Você também pode deixar as mãos no joelho ou nas coxas com a palma virada para baixo.

Estenda levemente a parte de trás do pescoço e recolha um pouco o queixo. Coloque a ponta da língua suavemente no céu da boca, tocando de leve a área atrás dos dentes superiores. Os lábios e os dentes não devem ficar cerrados, tampouco abertos; deixe apenas um pequeno espaço entre eles. Respire pelo nariz, se possível; caso contrário, respire pela boca.

Seus olhos ficam abertos – descanse seu olhar e olhe um pouco para baixo, mas sem inclinar a cabeça para a frente. Fite o espaço à sua frente, sem pousar o olhar em nada específico. Pisque sempre que necessário.

Comece estabelecendo uma intenção de bondade. Lembre-se de que a prática o ajudará gradualmente a atingir a liberdade e a felicidade verdadeiras, tornando-o mais apto a levar esses benefícios para a vida dos outros. Ou seja, sua motivação é a compaixão.

Dedique alguns instantes a sentir o chão sob seus pés, e então desvie o foco para as áreas onde seu corpo está em contato com a cadeira. Em seguida, tome consciência de seus ombros.

Essa foi a preparação para a sessão. A meditação central consistirá em utilizar o som como foco. Volte sua atenção para os sons que você escuta naturalmente. Sempre haverá alguma coisa, nem que seja um sutil ruído de fundo.

Nossos ouvidos ficam sempre abertos, sempre à escuta, mas só registramos os sons quando nossa consciência foca nos ouvidos. Em um capítulo anterior, usei o exemplo do macaco dentro de uma casa com cinco janelas, que representam as "portas" dos sentidos. Com esta prática, aprenderemos a fazer com que a "mente-macaco" se concentre em uma única janela. Neste caso, no sentido da audição.

Ao realizar essa meditação, é importante não tentar rotular ou julgar os sons, pois isso significaria se entregar às vontades do fluxo de comentários que povoa nossa mente. Apenas escute o que houver para escutar sem pensar muito a respeito.

Talvez haja uma mescla de sons súbitos e constantes. Por exemplo, você pode escutar o ruído constante do trânsito ou de um rio e, de vez em quando, o latido de um cão. Tente ver todos esses sons como uma coisa só. Não há necessidade de separá-los ou rotulá-los – escute o conjunto dos sons de modo neutro, como se escutasse algo pela primeira vez e, portanto, não tivesse nada com que compará-los.

O objetivo principal é se manter completamente presente, e o som servirá de âncora para mantê-lo preso ao momento. Sempre que perceber que sua mente se distraiu, retorne a atenção para os sons – isso significa que a sua consciência se desviou da audição, e agora você pode trazê-la de volta.

Para encerrar a sessão (é bom que ela dure dez ou quinze minutos), foque em seu corpo por alguns instantes: sinta a cadeira abaixo dele e então tome consciência do chão sob os seus pés.

O último passo é relembrar outra vez sua disposição para a bondade. Pense em como sua prática é uma oferta de compaixão a si mesmo e aos outros.

Obviamente, este exercício pode ser realizado em locais barulhentos. No geral, quando meditamos em um lugar com muitos ruídos, sentimos que eles arruínam nossa sessão, mas, neste caso, você poderá incorporar os sons e *usá-los* na meditação. Isso permitirá que você faça as pazes com as distrações.

No entanto, a prática também pode ocorrer em lugares relativamente quietos. Sempre haverá algum barulho, nem que seja os sons internos do sangue percorrendo as veias até a cabeça ou um zumbido em seus ouvidos.

7

MAIS A FUNDO

DEPOIS QUE FIZ VOTOS VITALÍCIOS DE MONGE, MEU professor Akong Rinpoche me acolheu como seu pupilo. Trabalhei com ele em seu escritório e o acompanhei como assistente em suas viagens para lecionar. A experiência de passar longos períodos na estrada ao lado de alguém com uma mente tão incrível, um exemplo vivo de compaixão, permanece até hoje como a experiência mais inspiradora e enriquecedora de minha vida. Trabalhamos juntos de forma intensa por quase 20 anos, até sua morte trágica em 2013. Sinto falta dele todos os dias, mas continuo repleto de seus ensinamentos e inspirado a levar em frente o ofício que ele me ensinou.

Guiado por Rinpoche, comecei a ensinar meditação em centros budistas, mas também sentia uma imensa vontade de participar de trabalhos sociais. Assim, comecei aos poucos a dar aulas de meditação em hospitais, escolas, centros de refugiados e clínicas de reabilitação para usuários de drogas. Por incentivo de Rinpoche, também passei a trabalhar com o setor corporativo. Isso foi antes de o *mindfulness* se tornar conhecido, de modo que eu era uma espécie de "lobo solitário". Contudo, obtive respostas muito positivas e, por conta de meu trabalho, acabei indo a muitos lugares diferentes – inclusive prisões, onde tentei ajudar os prisioneiros a lidar com sua raiva e os altíssimos níveis de stress.

A experiência de dar aula em uma prisão pela primeira vez foi muito tensa para mim. Fui levado a várias celas para trabalhar individualmente com prisioneiros considerados muito vulneráveis para se misturar aos demais. Um dos homens estava com a mão coberta de sangue seco, e me disseram que se automutilava. Outro era um estuprador em série que havia negado todos os seus crimes; as paredes de sua cela estavam completamente cobertas com páginas de revistas de mulheres nuas, sem nenhum espaço livre entre as fotos. Passei o dia inteiro na ala dos abusadores sexuais, que tinha uma cozinha própria, e lembro do choque de pensar que uma equipe de cinco pedófilos havia preparado meu café da manhã.

Eu me sentia como se estivesse dentro de um grande contêiner de metal com um grupo de homens muito insatisfeitos com a vida, o mundo e si mesmos. Conforme eu andava escoltado de perto em meio aos pavilhões, eles literalmente chacoalhavam as grades de suas celas e gritavam para mim. Eram homens problemáticos, alguns deles muito raivosos, e tive a impressão de que eles haviam sido trancafiados ali sem que ninguém provesse qualquer ajuda para tratar de sua saúde mental.

Eu estava ali para dar conselhos de meditação e, no início, senti que aquilo estava além da minha capacidade. Mas tudo começou a se encaixar quando me colocaram diante de um grupo de prisioneiros e pediram que eu desse uma aula mais longa e imersiva para eles. De início eles foram muito agressivos comigo, mas, quando comecei a falar sobre stress, raiva e a infelicidade com base em uma perspectiva muito humana e sem nenhuma intenção de doutriná-los, eles começaram a se interessar.

Eu havia percebido que o som insuportável naquela prisão era o ruído do metal batendo quando as portas automáticas abriam e fechavam, então conversei com os prisioneiros sobre usar esses sons como foco de meditação. Expliquei que eles podiam transformar aquele barulho em um *método* para trazer a mente de volta ao momento presente durante a meditação, e falei de como o mesmo som que servia de lembrete constante de seu encarceramento poderia se tornar um "gatilho" de *mindfulness*, levando-os a um estado de paz e calma. Também mencionei que algumas pessoas pagam boas quantias de dinheiro para participar de retiros meditativos em locais completamente isolados do mundo, e que eles, de certa forma, tinham acesso a algo parecido com isso de graça. Eles acharam essa observação um tanto engraçada, mas quando comentei que eu mesmo cogitava participar de um retiro de 4 anos eles ficaram visivelmente impressionados. Sugeri que eles poderiam usar seu tempo na prisão para transformar suas mentes de forma profunda.

Este capítulo explora alguns dos principais benefícios da meditação. Talvez, ao decidirmos meditar, nossa motivação inicial seja buscar mais felicidade e menos stress. No entanto, conforme progredirmos e nossa mente for se transformando, é possível que surjam desfechos muito melhores.

Para entendermos isso, precisamos antes rever a questão do que achamos que *é* a felicidade.

A ARMADILHA DO BEM-ESTAR

Hoje em dia, uma das motivações mais comuns entre aqueles que experimentam a meditação e o *mindfulness* é o desejo de ampliar a sensação de bem-estar. Ouvimos as pessoas falarem o tempo todo em "felicidade interior", mas na verdade essa *busca* pela felicidade é um tanto ardilosa. A tentativa de buscar a felicidade pode se transformar em uma jornada interminável, e tentar se livrar do stress pode resultar em ainda mais stress. A meditação acaba, assim, se tornando uma espécie de hamster correndo em uma rodinha sem chegar a lugar nenhum.

Como vimos, ao *buscarmos* a felicidade no mundo externo nós acabamos nos identificando com a falta de felicidade – "Eu preciso disso porque não tenho". Quanto mais nos apegamos às coisas, mais nos decepcionamos. O mesmo acontece em relação à felicidade "interior". Se meditarmos *pelo* bem-estar, vamos dizer a nós mesmos que *não temos* esse bem-estar e perpetuaremos essa carência. Além disso, quanto mais nos esforçamos para nos livrarmos do stress, mais focamos no ato de *ter* esse fardo, e o mero ato de repeli-lo acaba criando mais do mesmo. Hábitos geram mais hábitos.

Muitas pessoas passam por esse processo e acabam dizendo "Ah, até tentei meditar, mas não foi tão bom, então experimentei outras coisas". Isso é um reflexo da patologia social que vivemos em nossos tempos – a busca pelo "fator de bem-estar" e as compras intermináveis que ela implica. Tratamos a prática meditativa como se fosse um consumo, sempre à caça de bons sentimentos.

Fui para um monastério querendo me sentir melhor. Eu era profundamente infeliz e sentia grande desconforto físico. Comecei a meditar como um viciado. Meu primeiro trabalho como monge foi arrumar as camas do quarto de visitas do monastério. Era o "trabalho dos sonhos", pois eu podia demorar quanto quisesse e sou bem preguiçoso. Muitas vezes eu me sentava para meditar nos quartos que estava limpando. Às vezes praticava sentado em pequenas rochas no jardim. Eu interrompia minhas caminhadas para me sentar e meditar. Achava que aquilo era muito "radical", que estava me tornando um mestre da meditação, mas após algumas semanas fiquei chocado ao perceber que estava muito deprimido e carregava um sentimento de grande pesar no coração.

Conversei com meu professor e disse a ele que a meditação estava me deixando deprimido. Ele olhou bem nos meus olhos e disse: "Você é um viciado". Fiquei um tanto surpreso, mas então ele explicou que eu estava meditando como se usasse drogas, em busca de um "barato". Quanto mais eu me esforçava para sentir algo, mais os meus anseios e as minhas expectativas geravam sentimentos decepcionantes. Essa conversa levou a uma guinada que ajudou a reduzir minha obsessão por resultados.

No Capítulo 1, analisamos como a vida moderna é marcada pela busca por recompensas rápidas, o "barato". As pessoas são viciadas em estimular seus sentidos, e a felicidade acaba reduzida a um "burburinho" ou sensação. Quando começamos a meditar, é fácil adotar essa mesma mentalidade: buscar um efeito narcótico em nossa prática, quase como se tomássemos muita cafeína ou usássemos alguma droga. Queremos extrair sensações daquilo. Muitas vezes, achamos que devemos "sentir" algo para saber que as coisas estão funcionando, sobretudo nessa época em que a simulação sensorial está tão em alta em nossa cultura. Isso é extremamente frustrante quando nos sentamos para meditar.

Esperamos que alguma experiência ou sensação especial aconteça, mas podemos acabar nos sentindo piores. Quando nos apegamos à necessidade de ter uma boa experiência, não a conseguimos. Como dissemos antes, apego gera mais apego. Acabamos perpetuando esse hábito e o reproduzimos em um ciclo interminável. Os resultados não são lá muito satisfatórios, pois nossa mente se adiantou aos eventos e já está em busca de outra coisa. Ela se pergunta: "Ah, quando é que eu vou chegar lá?". Não há dúvidas de que muitos de nós levamos nossa vida dessa forma, andando em círculos enquanto nos perguntamos qual será o próximo "grande acontecimento", e acabamos fazendo a mesma coisa ao meditarmos.

Essa fome insaciável guia nossa vida. Quando a transpomos para a prática da meditação, acabamos nos decepcionando. Assim como ocorreu comigo, podemos nos sentir muito deprimidos, sem energia e com o coração imerso em tristeza. Começamos a culpar a meditação por isso, quase como alguém que culpa o parceiro romântico por não fazê-lo feliz. Começamos a nos perguntar por que nos sentimos mal mesmo tendo meditado tanto. Acabamos acreditando que a meditação é prejudicial e, por isso, deveríamos desistir dela para tentar algo diferente.

Obviamente, é impossível que a meditação nos deixe tristes. Se analisarmos a fundo, a meditação não é *uma coisa* de fato: ela consiste apenas em ficar sentado sem fazer nada. O problema é que, movidos pelo apego, reduzimos e desprezamos nossa experiência do momento presente – ela não parece boa o suficiente. Não somos felizes porque tratamos a felicidade como se ela fosse uma busca pelo lendário pote de ouro no final do arco-íris e por formas de chegar lá o mais rápido possível.

Uma questão que surge frequentemente quando dou aulas em ambientes corporativos é: "Por quanto tempo preciso fazer isso para me sentir melhor? Depois de um mês vou estar pronto?". Os executivos bem que gostariam de desenhar gráficos e preparar planilhas de perdas e ganhos referentes ao treinamento meditativo. Sempre rimos bastante disso juntos. Isso é tão ridículo quanto perguntar: "E se eu correr durante um mês? Ficarei em forma? Já poderei ficar deitado na cama comendo salgadinho pelo resto da vida?".

A questão aqui é: *o quê* as pessoas tanto buscam? Onde fica a "linha de chegada"? Existe uma "conquista" final que enfim nos saciará? Na Califórnia, algumas pessoas tomam pequenas doses recreativas de DMT (dimetiltriptamina), um composto químico que, acredita-se, é liberado pelo corpo na hora da morte. Em sua busca pelo estímulo mais recente, as pessoas estão ingerindo o "composto químico da morte", mas isso não as exime de ter que acordar e ir para o trabalho na manhã seguinte. É uma questão muito interessante: "E depois?".

A busca por "baratos" em nossa cultura saiu do controle. Se a meditação for encarada como parte dessa corrida, ela só trará mais problemas, conforme expliquei antes. É claro que se sentir bem pode ser um "efeito colateral" da prática, mas ter isso como objetivo principal significa não entender bem as coisas. Esse é o cerne da questão da felicidade: só a alcançamos quando paramos de buscá-la e, em vez disso, aprendemos a relaxar no momento presente, libertando-nos do medo e das expectativas. Vamos nos perguntar de novo o que achamos que a felicidade é: é o prazer de uma dose de açúcar recém-ingerida ou é a satisfação e a liberdade duradouras?

CRIATIVIDADE

Um dos maiores benefícios da meditação é a ativação da criatividade. Mesmo aqueles sem qualquer vocação artística gostariam de ser mais criativos no modo de viver a vida e resolver problemas.

O stress é um fator que costuma inibir a nossa criatividade: nós nos deixamos envolver por uma forma limitada de pensar que deixa pouco espaço para o florescimento de insights e boas ideias. A meditação pode reduzir o stress, permitindo-nos encarar a vida de modo mais criativo e multifacetado. Se conseguirmos "não sermos obstáculos para nós mesmos", podemos criar o ambiente para ideias inovadoras. Ao sermos mais espontâneos, conseguimos pensar e resolver problemas com mais originalidade.

Muitas pessoas que trabalham em escritórios me contam que passam boa parte do tempo "apagando incêndios" – resolvendo tarefas administrativas intermináveis que surgem em sua mesa e deixam pouco tempo para que pensem no panorama geral. Um estudo da Universidade de Stanford publicado em 2009 sugere que viver com determinado número de estímulos de tipos variados de informação simplesmente reduz nosso QI – em suma, ficamos mais burros quando nosso pensamento e nosso trabalho são fragmentados. O *multitasking* está se tornando um modo de vida ultrapassado, pois já está provado que ele desacelera o cérebro e reduz a produtividade. É muito mais eficiente adotar o que chamo de *fully tasking* – isto é, manter-se no presente e fazer uma coisa por vez, com total atenção. Assim, podemos ser muito mais produtivos. Uma forma de praticar o *fully tasking* é reservar uma hora para apagar os "incêndios" administrativos e outra para pensar no "panorama geral". Ele também implica uma abordagem de *mindfulness* para fazermos as coisas com alegria e total dedicação.

Para conseguirmos acessar esse estado de criatividade mais profunda, precisamos descobrir como viver mais no presente.

O PRESENTE

Quando dei aulas na Islândia, visitei um dos locais mais lindos do planeta, um gêiser que jorra água fervente a cada dez ou quinze minutos. Centenas de pessoas estavam reunidas ao redor do orifício no chão com seus smartphones em punho, prontos para fotografar a erupção e, provavelmente, postá-las on-line. Parecemos ter perdido a conexão com o momento presente – somos obcecados em capturá-lo para depois, e sempre há um "depois" com o qual nos preocuparmos.

É claro que a era da internet trouxe muitos benefícios, mas também nos tornou mais ausentes. Nosso corpo pode estar presente aqui, neste cômodo, mas nossa mente tende a estar em um local completamente diferente. Os celulares e o ritmo geral da vida podem fazer com que nos sintamos em vários lugares do ponto de vista mental, como se habitássemos diversos momentos ao mesmo tempo. No passado, as pessoas já deixavam a mente mergulhar em livros, mas a situação atual é bem mais inquietante: encaramos diversos níveis de distração que se sucedem em um ritmo vertiginoso.

As pessoas gastam grandes quantias de dinheiro para estar no "agora", mas as praias e piscinas dos resorts estão cheias de pessoas vidradas em seus celulares. Se não treinamos nossa mente, não sabemos mais estar presentes. Ao nos aproximarmos do fim da vida, talvez nos perguntemos quão presentes estivemos nela. Passamos tanto tempo esperando pela "próxima coisa" que talvez ela não tenha chegado, pois nunca nos despimos do hábito de esperarmos pelo que vem depois da "próxima coisa".

A essa altura, talvez você se pergunte: se vivêssemos mais no presente, como planejaríamos o futuro? Na verdade, quando estamos plenamente no presente o futuro se desdobra da melhor maneira possível, pois é neste instante que cultivamos as sementes para um futuro de sucesso. Se aprendermos a manter nossa mente no presente ao fazermos planos, sem nos distrairmos ou pensarmos em outras coisas, conseguiremos traçar planos mais precisos para o futuro quando for necessário. Assim, os desfechos também serão melhores.

Por meio da prática regular da meditação e do aprendizado para aplicar o *mindfulness* em nossa vida cotidiana, conectamo-nos o tempo todo com o momento presente. Quando já estivermos mais familiarizados com as formas de nos mantermos no presente, teremos mais espaço para sermos criativos, pois nossa mente se distrairá menos. Então, podemos começar a jogar com a vida de formas mais interessantes.

Dou muitas palestras e raramente me preparo para elas. Não reviso minhas anotações nos bastidores, nem planejo o que dizer. Entendo que, ao incorporar por completo o momento presente, as palavras certas virão e serão impactantes. Quando alguém na plateia fazia uma pergunta difícil, eu costumava ficar nervoso e tenso, mas percebi que, se eu relaxar, posso dar uma resposta útil. Descobri que oferecer espaço aos momentos de pressão é a chave para a criatividade.

FOCO MENTAL

Nossos poderes de concentração – nosso foco mental – podem ser aprimorados de forma considerável se meditarmos regularmente.

Muitas pessoas veem a meditação como uma simples técnica de relaxamento, e parecem encará-la como uma forma de "desligar" ou "viajar". Por isso, temem que ela possa *reduzir* seu foco. Na verdade, ocorre o contrário.

Como mencionei, comecei a ensinar meditação para membros do mundo corporativo muitos anos antes da onda de interesse pelo *mindfulness* vir à tona, e por isso não tínhamos muitos pontos de contato. Eu sentia que começava realmente do zero e precisava quebrar diversos preconceitos. Certa vez, fui ensinar meditação à equipe de uma pequena empresa de Londres. O coordenador havia lido em um jornal a meu respeito e me convidou para ir até lá, mas parecia reticente. Antes que eu fosse para a sala de aula, ele me levou até uma salinha – parecia uma entrevista de emprego – e disse: "Olha, fiquei muito impressionado com o seu trabalho, achei ótimo. Estou muito feliz por você estar aqui, mas, por favor, não deixe eles relaxarem demais". Perguntei o que ele queria dizer com isso, e ele respondeu que não queria que sua equipe se tornasse imprestável.

Achei aquela conversa fascinante. Ao que tudo indicava, ele pensou que eu hipnotizaria sua equipe de alguma forma e induziria todos os funcionários a uma espécie de transe; ou, quem sabe, eles ficassem tão relaxados após a meditação que não titubeariam em ficar de pernas para o ar em vez de atender ao telefone ou trabalhar. O homem temia que sua equipe acabasse se tornando um bando de zumbis desmotivados e ineficientes. As pessoas veem o relaxamento como um estado muito passivo, em que perdemos a astúcia. Expliquei a ele como a meditação e o foco mental são coisas interligadas, e tivemos uma ótima sessão.

Em filmes de desastres nos quais as pessoas acabam presas em elevadores em chamas ou o fim do mundo se aproxima, quase sempre há alguém que mantém a calma e salva todo mundo. Essas pessoas são exemplos da combinação de calma e foco intenso. Elas não ficam zanzando de um lado para outro, e tampouco são molengas ou parecem dopadas. São indivíduos altamente eficientes.

O foco pleno e relaxado não é avesso à astúcia – na verdade, ele torna a astúcia mais aguçada e acessível.

Ao final deste capítulo, há um exercício meditativo cuja base é a respiração. Isso ampliará muito seu foco mental: você aprenderá a prestar atenção de forma relaxada e concentrada, direcionando sua consciência para sensações bem específicas.

DECIFRANDO NOSSOS VÍCIOS

Conforme o treinamento de meditação for progredindo, nossa transformação mental será mais profunda. Um aspecto disso é entender e modificar nossos hábitos de vício.

Ter um vício é cultivar hábitos, muitas vezes de forma não intencional, ao ponto de eles se tornarem prejudiciais à nossa felicidade. A raiz de todo vício são os vícios mais profundos: nossos pensamentos e nossas emoções. Quando vêm à tona, nós nos agarramos a eles mesmo sem querer. A partir desse vício interno, podemos ficar viciados em qualquer coisa vinda do exterior.

O vício é como coçar uma ferida em busca de alívio: quanto mais nos coçamos, pior fica a ferida. Mas temos outra opção: através do *mindfulness*, podemos descobrir pontos de escapatória entre o impulso e a ação. Dentro desse espaço, podemos tomar decisões como parar de coçar.

Quando estamos viciados em algo do mundo externo, recorremos a esse "algo" para aliviar o desconforto do desejo – ou seja, para nos "livrar" dessa sensação. Com o tempo, a atividade à qual nos viciamos deixa de ser prazerosa e se torna apenas uma forma de alívio. Isso representa bem a vida como um todo: gastamos nossa energia em busca de alívio, sempre buscando apagar as chamas do desejo, mas o desejo nunca acaba. A solução pode ser "dar meia-volta" e, em vez de focar no objeto do desejo, observar a mente que o deseja. Quando olhamos direto nos olhos do desejo, acontece uma coisa interessante: ele começa a se desmanchar, como se fosse incapaz de sustentar o olhar da consciência. Podemos fazer isso usando o próprio sentimento de anseio como "objeto" da meditação e focando em suas sensações, sem julgá-las. É como olhar diretamente para o desejo em vez de seguir seus comandos.

O vício indica uma sensação de vazio: sentimos que falta algo dentro de nós e tentamos "preencher essa lacuna". Muitas vezes, os viciados mencionam um "buraco na alma". Faz sentido: ao perseguirmos e alcançarmos o objeto de nosso desejo, não fazemos senão ampliar ainda mais esse buraco, perpetuando a sensação de que precisamos de alguma coisa. Não nos sentimos realizados. A meditação pode preencher esse vazio de dentro para fora. É esse processo que chamamos de *mindfulness* – termo em inglês que, em um jogo de palavras, pode ser traduzido como "estado de mente cheia". A questão não é esvaziar a mente, mas preenchê-la com paz, alegria e realização.

Quando vivemos o momento presente de forma plena, podemos descobrir que tudo o que sempre desejamos está bem aqui. Isso acontece porque, ao desejarmos algo, estamos buscando uma sensação de completude, de *termos* o que queremos. Não queremos a coisa em si, mas sim essa *sensação*. Quando estamos em estado de plenitude, essa completude nos serve de amparo: relaxamos no momento presente sem sentir vontade de mudá-lo.

SOB O ASSOALHO

"O que é escuro em mim, ilumine-o."
JOHN MILTON

Conforme nos aprofundamos em nossa prática, talvez nos perguntemos o que irá "aparecer". Podemos sentir medo de encarar nosso passado ou de acabarmos nos deparando com nossa escuridão. Será que nossa "bagagem inconsciente" virá à tona durante essa prática?

Na jornada da meditação, o ideal é encarar nossa mente a partir do que eu chamaria de "contexto em vez de conteúdo". Às vezes temos vontade de explorar o "conteúdo": "*Por que* eu me sinto assim? O que aconteceu em meu passado? De onde isso veio?" Podemos até ter receio de que, se não cavarmos fundo o suficiente "debaixo do assoalho", jamais seremos livres.

A prática da meditação, contudo, foca na própria mente, ou seja, no "contexto", e transforma o modo como ela costuma se *relacionar* com o conteúdo – como ela se atém a ele. No longo caminho da meditação, não devemos analisar *por quê*, mas *como* sofremos.

Quando utilizamos a respiração como foco meditativo (ver o exercício ao fim deste capítulo), aprendemos a redirecionar nosso foco para a respiração sempre que nos distraímos. Talvez nos ocorram pensamentos sobre o que comeremos no almoço ou referentes a outras questões mundanas, mas sempre que retornarmos à nossa respiração, nós fortalecemos a "cola" mental que consolida e aglutina todo o conteúdo de nossa mente. Esse treinamento, se realizado com frequência, reduz o poder que o nosso "material psicológico inconsciente" parece exercer sobre nós. Ao se tornar menos poderoso, esse material poderá começar a se dissolver de forma natural, perdendo sua aderência. Aos poucos, vamos descobrindo a consciência pura que se esconde por trás de nosso sofrimento como o sol se esconde por trás das nuvens.

Esse trabalho traz algum risco de negação ou repressão? O interessante aqui é que não podemos reprimir o que não é real. A prática da meditação nos revela a natureza ilusória de nossos problemas e mostra que nossos pensamentos e sentimentos não possuem solidez. Se, por outro lado, insistirmos em tratar a bagagem emocional de nosso passado como algo sólido e real, sempre teremos a sensação de varrer algo para baixo do tapete, e essa pressão interna pode levar ao sofrimento.

A solução, portanto, é assumir uma postura de consciência que nos permita descobrir que a mente é maior que o sofrimento com o qual tanto nos identificamos ao longo de nossa vida até aqui. Assim, talvez não precisemos "resolver" a bagagem psicológica de nosso passado. Em vez disso, podemos resolver o passado mudando a forma como nossa mente opera no presente. Talvez não seja preciso reorganizar o conteúdo ou continuar procurando respostas dentro dele. Essa busca pode ser como cavar a esmo em busca de um tesouro – o próprio ato de cavar se perpetua, criando uma nova bagagem negativa enquanto cavamos.

Às vezes nos sentimos presos em uma casa com muitas portas trancadas, e imaginamos que cada um desses cômodos esconde muita bagunça. Por isso, podemos achar que devemos encontrar as chaves e arrumar a bagunça de um cômodo por vez. Por meio da meditação, contudo, criamos *uma* única *chave* capaz de abrir todas as portas – uma "chave mestra" –, pois ela nos faz entender que, para começo de conversa, nossos pensamentos e emoções não são sólidos. Na verdade, não há nenhuma bagunça para arrumar.

Podemos encontrar essa chave mestra simplesmente por meio da respiração.

EXERCÍCIOS DE MEDITAÇÃO

Meditando com a respiração

A partir de agora, começaremos a trabalhar com nossa respiração, que é provavelmente o método de meditação tradicional mais conhecido. No Capítulo 5, começamos a praticar utilizando o corpo como foco principal, e agora vamos mais fundo.

Abaixo, apresentamos um método de sete etapas para meditar com base na respiração. Será mais fácil manter o foco se a sessão seguir uma estrutura clara, pois você terá etapas tangíveis para acompanhar. A quinta etapa é a que requer mais tempo, enquanto as demais duram apenas breves instantes. Para iniciantes, recomendo sessões com duração de dez a quinze minutos.

1. Acomode-se em uma boa postura. Sente-se com as costas retas em uma cadeira firme. Você pode colocar uma pequena almofada atrás da base de sua coluna, se preferir. As costas devem permanecer retas, sem encostar no apoio da cadeira, a não ser que você tenha limitações físicas. Seus pés ficam paralelos, apoiados no chão. Seu corpo deve estar equilibrado e inclinado para a frente, mas ainda assim relaxado.

– Suas mãos repousam em seu colo, mão direita sobre a esquerda, as palmas viradas para cima com as pontas dos dedões se tocando. Você também pode posicioná-las com a palma virada para baixo sobre os joelhos ou as coxas.

– Estenda a parte posterior do pescoço muito levemente e recolha um pouco o queixo. Encoste a ponta da língua suavemente no céu da boca, mal tocando a área atrás dos dentes.

– Seus lábios e dentes não devem ficar nem abertos, nem cerrados. Deve haver apenas um pequeno espaço entre eles. Se possível, respire pelo nariz. Caso contrário, respire pela boca.

– Seus olhos ficam abertos. Alivie seu olhar e foque ligeiramente para baixo, sem inclinar a cabeça para a frente. Você não deve ficar olhando ao seu redor, e sim apenas fitar o espaço à sua frente sem se fixar em nada específico. Pisque sempre que precisar.

2. Estabeleça uma intenção de bondade. Dedique alguns momentos a lembrar que sua prática ajudará você a encontrar maior paz e felicidade e ampliará sua capacidade de levá-las aos outros. A compaixão é sua motivação: o compromisso de ajudar a si mesmo e aos outros.

3. Dedique alguns momentos a sentir o chão sob seus pés. Desvie seu foco para as áreas de seu corpo em contato com a cadeira. Então sinta a textura do tecido sob suas mãos sem mexer os dedos. Em seguida, tome ciência de seus ombros e, por fim, desvie sua atenção para o abdômen.

4. Comece a reparar em como você respira de forma contínua e move sutilmente seu corpo, contraindo-o e expandindo-o. Talvez você sinta isso em seu abdômen ou em alguma região superior. Respire naturalmente, sem esforço, sem tentar respirar fundo ou de qualquer forma específica.

– Sua mente se distrairá diversas vezes ao longo do processo, e não há problema nisso – lembre-se de que é uma oportunidade para continuamente redirecionar o foco (neste caso, para o corpo).

5. Esta é a etapa que exige mais tempo. Volte sua atenção para o rosto e sinta o ar entrando e saindo. Continue a respirar de forma natural, sem fazer força. Se puder respirar pelo nariz, sinta o ar entrando e saindo pelas extremidades. Repare no movimento súbito de ar na ponta de suas narinas. Se precisar respirar pela boca, foque na sensação do ar tocando o lábio inferior.

– Esta etapa envolve um foco bastante concentrado. Isso ajuda na hora de meditar, pois permite que você trabalhe a capacidade de se concentrar e retornar

sempre para o mesmo ponto focal quando sua mente se distrair. A cada vez que você retorna para a respiração, a sua capacidade de resistir aos seus pensamentos e emoções é aprimorada.

6. Quando estiver pronto para encerrar a sessão, foque em seu corpo por alguns instantes – sinta a cadeira abaixo de si e tome consciência do contato entre o chão e seus pés.

7. O último estágio consiste em relembrar sua intenção de bondade. Lembre-se de que essa prática é uma oferta de compaixão a si mesmo e aos outros.

Contando as respirações

Para este exercício, use todas as etapas acima, mas substitua a etapa 5 pela seguinte:

Conte mentalmente sua respiração – o ciclo completo de inspirar e expirar vale uma unidade. Lembre-se outra vez de respirar naturalmente, sem esforço. Estes exercícios não têm por objetivo uma respiração mais profunda. Tente contar sete ciclos, e então retorne ao número um e comece novamente. Sempre que perder a contagem, encare isso como um indício de que sua mente se distraiu e recomece outra vez do número um.

Quando conseguir fazer isso com facilidade, sem perder o foco, aumente a meta para 21 ciclos. Conheci pessoas capazes de contar mil ciclos (certamente não é o meu caso!).

8

A FELICIDADE É UM ESFORÇO CONJUNTO

ATÉ AQUI, ENCARAMOS A MEDITAÇÃO A PARTIR DE UMA perspectiva individual. O próximo passo é ampliar nosso foco e explorar como a prática meditativa pode aprimorar nossa relação com o mundo ao nosso redor. Todos estamos intrincadamente ligados uns aos outros. Na verdade, estamos conectados a tudo: estamos *interconectados*. No budismo, isso é descrito através do termo "interdependência": tudo depende de todo o restante para existir.

Podemos ver isso ao pensarmos na coisa mais básica e fundamental que fazemos: respirar. O ato de respirar nos mantém vivos, e, no entanto, não somos capazes de respirar sozinhos. Nossa capacidade de respirar depende, de forma interconectada, do mundo à nossa volta. As árvores e plantas usam a luz do sol e o dióxido de carbono para produzir o oxigênio que respiramos. Quando expiramos, contribuímos com o dióxido de carbono que elas precisam para produzir mais oxigênio. Essa relação interdependente com o mundo que nos circunda é uma metáfora para tudo em nossa vida.

Nossa sobrevivência, assim como a nossa felicidade, depende dos outros. A comida que comemos e as roupas que vestimos (na verdade, até mesmo nossa existência) dependem dos outros. Se não respeitarmos esse fato, jamais seremos capazes de encontrar a verdadeira felicidade.

A CELEBRAÇÃO DO EU

Historicamente, os seres humanos costumavam ter uma mentalidade mais tribal ou de "bando". A comunidade era tida em alta conta, e nos sentíamos parte de um grupo mais amplo, tanto na vida social como familiar. Havia um sentimento de coesão. No entanto, hoje nossa cultura prioriza o indivíduo à comunidade: celebramos o autoempoderamento. Muitos dos estímulos provenientes de anúncios publicitários, redes sociais e até mesmo letras de música nos dizem que somos "o centro de tudo". O foco de nossa época é a identidade pessoal, e ao que parece, isso nos tornou ainda mais solitários.

Hoje muitas crianças e adolescentes crescem com grandes ambições e com o plano de se tornarem ricos e famosos; as celebridades são vistas como deuses. Ser famoso, jogador de futebol ou uma Kardashian se tornou um sonho de infância. É perfeitamente natural se sentir atraído por algo que parece empoderador, mas talvez nossa tendência seja procurar isso onde não encontraremos qualquer satisfação. Quanto mais nos debruçamos sobre o "eu", mais nos afastamos da verdadeira felicidade. O "eu" é governado pelo desejo e pela aversão e, como vimos, esses hábitos geram mais de si próprios. Assim, nada é bom o bastante, nada parece seguro o bastante, e se torna impossível atingir a felicidade duradoura.

Essa busca pela realização total do eu também permeou as palavras "autoajuda" e *mindfulness* através do desejo de se tornar a "melhor versão de si", de "se reatualizar" e assim por diante. Com isso, fica fácil cair na armadilha da busca eterna por uma sensação ilusória de bem-estar, que resulta nas frustrações descritas no Capítulo 7 (ver página 110).

Mas, afinal, quem é esse "eu"? Se investigarmos, podemos descobrir que não existe uma entidade separada, independente e autônoma que possamos chamar de eu. Se explorarmos quem somos, o que é a nossa identidade? Nós somos nossos corpos? Nossos corpos vêm de outros, das células de nossos pais, dos nutrientes do útero, de toda a comida que ingerimos, e aquilo que comemos também vem dos outros. Então que parte de nosso corpo nos pertence de fato?

A meditação budista clássica propõe a seguinte questão: o eu é de fato o corpo? Caso sim, *onde* em nosso corpo "nós" estamos situados? Se perdermos um braço, é claro que haverá diferenças físicas, mas o "eu" seria reduzido ou diminuído na mesma proporção?

O "eu" é a mente? Se vasculharmos nossa consciência, encontraremos apenas um fluxo de instantes, nenhum dos quais pode ser descrito como "nós". Os momentos passados já morreram, o futuro ainda está por vir, e onde está o presente? Ele desaparece no instante em que apontamos para ele, já transformado em um momento passado.

Até mesmo o "observador" – a parte de nossa mente que parece ficar consciente enquanto meditamos – não é um "eu". Assim como podemos ver o céu, mas não tocá-lo, podemos vivenciar a observação, mas não identificar o observador. O "eu" é, portanto, um mero conceito. Só existimos em relação aos outros e, até que honremos esse fato, sempre sentiremos que há algo faltando.

Nos tempos modernos, todos queremos ser únicos e especiais. Nossa singularidade, contudo, é na verdade um produto de tudo e de todos com quem já tivemos contato. Temos muito interesse em definir quem somos, mas o indivíduo só pode ser definido em relação aos outros.

Alguns exemplos extremos disso são os líderes e as pessoas famosas. Eles dependem de seu público. Aqueles que têm poder sobre os outros *precisam* desses outros. Os famosos precisam de outras pessoas para se tornarem e permanecerem famosos; em muitos sentidos, eles são escravos de seu público. É uma relação de interdependência.

GRATIDÃO POR NOSSAS CONEXÕES

Nossa felicidade, sobrevivência e mera existência dependem, portanto, dos outros. Da mesma forma, os outros dependem de nós, não importa quem sejamos. Se formos capazes de visualizar, compreender e reconhecer essa interconexão, poderemos emitir um sentimento positivo para o mundo todo. Esse sentimento se chama *gratidão*.

Nossa cultura não tem especial apreço pela gratidão. Somos condicionados a pensar no que falta em nossa vida para que nos sintamos impelidos a buscar mais coisas, no lugar de nos contentarmos e nos sentirmos gratos pelo que temos. Somos estimulados a competir e a vencer, e assim nossas relações costumam ser muito transacionais – estamos sempre avaliando o que os outros podem fazer por nós. Ao não reconhecermos tudo o que os outros fazem em prol de nossa existência, caímos facilmente nas armadilhas do egoísmo e da descortesia. Se, em vez disso, passarmos a sentir gratidão, nos sentiremos mais próximos de todos e desenvolveremos um senso de responsabilidade, como em uma unidade familiar.

Se quisermos encontrar a felicidade genuína e duradoura, é de grande ajuda nos sentirmos gratos e honrarmos a interconexão entre todos os seres. Caso contrário, acabaremos presos em uma mentalidade egoísta que trará mais desejo e aversão. Uma postura aberta perante a nossa conectividade – e a compaixão que pode surgir a partir dela – é muito mais compatível com nosso estado natural.

Todos temos uma capacidade natural de nos sentirmos conectados. Vemos isso nas crianças e no modo como elas reagem às outras. Se uma criança vê outra rindo ou chorando, ela costuma seguir o exemplo. As crianças são muito abertas: elas se aproximam dos outros sem impor muitas barreiras, são menos autoconscientes que os adultos e têm um impulso natural de se conectar. Essa tendência vai diminuindo conforme crescemos, mas mesmo nós, adultos, temos uma inclinação natural a nos sentirmos alegres em comunidades coesas. Gostamos de rir em grupo e, se eu bocejar, você também bocejará.

Quando saí de meu retiro de 4 anos, cheguei a Londres me sentindo muito presente e de coração aberto. Eu sentia um forte impulso de abordar as pessoas na rua e abraçá-las, e logo precisei encontrar uma maneira de me conter! Isso não é uma prática socialmente aceita. Ainda assim, no âmago de nosso ser, *temos* o desejo de nos conectarmos. Quando vemos outras pessoas sofrendo, ocorre um efeito de espelhamento em nosso cérebro: os mesmos centros de dor são ativados em nosso corpo, o que indica que nosso cérebro é programado para a empatia. Também temos uma base neurológica para a bondade: quando fazemos algo bom, o sistema de recompensa de nosso cérebro, o núcleo accumbens, é ativado. Ele então produz alguns compostos químicos que fazem com que nos sintamos bem. Sem essa programação para a bondade, não teríamos sobrevivido enquanto espécie: somos fabricados para auxiliar e socorrer uns aos outros.

O stress, contudo, é um dos mais potentes supressores de nossa bondade e conectividade naturais. Quando estamos estressados, nossa mente tende a "encolher", deixando pouco espaço para que pensemos no outro. Temos tanto em comum – todos queremos ser felizes e livres de qualquer sofrimento –, mas nossa vida pode fazer com que nos sintamos muito distantes uns dos outros.

RECURSOS NÃO NATURAIS

Muitos fatores da vida moderna nos afastam do sentimento de conexão. Os recursos nos quais buscamos nossa felicidade parecem artificiais e insatisfatórios, pois nosso foco está voltado para elementos exteriores, como nossa aparência e nossas posses. Viver em uma era de comparação e competição inibe nosso sentimento natural de conexão e gera isolamento. Com frequência, a vida se torna uma batalha a ser vencida: o objetivo de "se destacar" implica uma corrida contra os outros. A cultura de consumo nos obriga a pensar como indivíduos, e jamais como conjunto, pois é essa separação que mantém as engrenagens em atividade. Estamos sempre tentando "ser o número um", mas a que custo?

Hoje em dia, é comum que nossa experiência de conexão se limite à internet, quase sempre por meio das redes sociais. Mas quanto mais "conectados" estamos à internet, mais nos isolamos das pessoas à nossa volta. Por conta desse tipo de interação, nossas conexões podem permanecer muito superficiais, pois acumulamos "amigos" como se fossem meros números. Olhamos rapidamente essas conexões, clicando automaticamente no botão "curtir" das fotos e logo partimos para o que vem em seguida. No entanto, ao fazermos isso de forma quase ausente, não sentimos que estamos de fato compartilhando algo, nem estabelecendo relações reais. Às vezes, percorremos o *feed* de nossas redes sociais e clicamos "curtir" em tudo, como se fosse uma tarefa, como se estivéssemos fazendo o dever de casa. O Instagram até nos diz: "Isso é tudo! Você viu todas as publicações recentes".

Com frequência, nos interessamos mais pelo que está acontecendo do outro lado do mundo do que por aquilo que está bem à nossa frente. Talvez isso nos traga mais segurança, pois a exigência emocional é mais baixa. Podemos ter dificuldade para nos sentir totalmente presentes em nossos relacionamentos. Em algumas famílias, os indivíduos realizam as refeições em horários distintos para não terem que se encontrar, ou, à mesa de jantar, mergulham na tela do celular enquanto jantam.

Pouco tempo atrás, jantei com um velho amigo. Durante a refeição, ele parecia conversar comigo enquanto enviava mensagens pelo WhatsApp para uma porção de garotas com as quais estava flertando. Ele chama isso de "manter a roda girando". Essas distrações se tornaram um grande vício. Quantas vezes, ao sair para jantar ou tomar um café, não mantemos nosso celular sobre a mesa, sentindo uma "coceirinha" nos dedos, que nos impele a conferir o que está rolando?

RECURSOS NATURAIS

A falta de compreensão sobre a interdependência fez com que o ser humano danificasse o meio ambiente de forma severa. Nosso desejo de conforto não conhece limites, e nossos níveis de consumo e cobiça mergulharam nosso planeta em uma grave crise. Nunca paramos para refletir sobre nosso desejo, que é inclusive estimulado. Não nos comportamos de forma compatível com a conexão existente entre todas as coisas e, por isso, agimos de forma imprudente.

Nosso problema consiste em pensar que a felicidade provém de objetos materiais. Esses objetos não são inesgotáveis, mas nosso desejo é. Talvez tenhamos o hábito de tomar banhos demorados e luxuosos enquanto muitas pessoas no mundo não têm o que beber e vivem sem acesso à água potável. Ter mais consciência disso pode nos ajudar a salvar vidas. Só precisamos ser mais conscientes e cuidadosos ao lidarmos com nossos recursos. Afinal de contas, quem é o dono dos recursos do mundo? Todos nós, sem dúvida, e de forma igualitária. Se formos capazes de perceber essa interdependência, teremos mais vontade de compartilhar.

Viver de forma sustentável exige transformar nossa mentalidade e repensar qual é o *lugar* de onde achamos que a felicidade vem. Reciclar nosso lixo é importante, mas não é suficiente. O que precisamos mudar é o nível de nossa ganância, e isso só acontecerá quando entendermos que ganância não traz felicidade. Precisamos entender urgentemente que a felicidade vem de dentro, é ilimitada e pode ser reciclada indefinidamente.

A meditação no século 21 está muito ligada à ideia de salvar o planeta transformando nossa mente. Se não trabalharmos para isso, mesmo se *continuarmos* achando que a felicidade vem das coisas ao nosso redor, acabaremos sem nada para nos "fazer" felizes. Estamos diante de uma crise, e precisamos despertar para a realidade.

O PODER DO CONTENTAMENTO

A Terra só será capaz de nos sustentar se mudarmos nossa atitude interior e aprendermos a nos sentir contentes. A partir de uma mudança de pensamento, podemos agir com plenitude. Devemos ter confiança de que o que fazemos *terá* algum efeito. Não há dúvida de que pequenos passos conscientes podem trazer benefícios para a empreitada de salvar nossos recursos. Não é sábio pensar coisas como: "Sou só eu, então por que me dar ao trabalho?". É por esse tipo de atitude que as pessoas deixam de votar nas eleições. Mas sabemos que toda ação (assim como todo voto) conta.

Não precisamos mais encarar a felicidade como um processo competitivo. Minha felicidade precisa existir em detrimento da sua? A sua felicidade suprime a minha? A felicidade é como um bolo com um número restrito de pedaços, insuficiente para servir a todos? Se pensarmos assim, veremos a felicidade como uma guerra a ser vencida.

A compaixão e o contentamento serão o espírito dos novos tempos. Na verdade, o contentamento é a melhor base para uma vida de sucesso, pois só as mentes satisfeitas têm os recursos necessários para atingir resultados efetivos. Se vivemos com a sensação de que há algo faltando, não realizaremos muita coisa, pois sempre seremos guiados pela sensação de "não ter" – e ela acabará se tornando nossa realidade.

CONEXÕES PREJUDICIAIS

Se não agirmos com sabedoria, nossa interconexão pode causar sofrimento aos outros. Conforme nos tornamos mais globais, é fundamental ter maior consciência dos efeitos de nossos atos em relação às pessoas.

Um exemplo é o caso de Ladakh, província localizada no norte da Índia, às vezes chamada de "Pequeno Tibete". Ela permaneceu completamente imune à influência ocidental até cerca de 1975, quando sofreu uma abertura drástica. Uma das mudanças mais chocantes foi a chegada da publicidade e dos turistas ocidentais. A região estivera totalmente isolada, e as pessoas de lá viviam em sua própria bolha, em seu próprio Shangri-La. De repente, o Ocidente inundou todos os aspectos de sua rotina.

Isso causou uma série de problemas. O mais marcante foi a moda de tingir a pele entre os jovens. Os adolescentes de Ladakh viam rostos brancos na televisão e em anúncios publicitários – pessoas sentadas em carros chiques, bebendo Coca-Cola, as cabeças inclinadas para trás enquanto riam, vidas aparentemente perfeitas – e começaram a desprezar seus rostos belos e escuros. As vendas do creme facial indiano Fair & Lovely dispararam.

Até então, a economia tradicional de subsistência garantia que todas as necessidades básicas dos moradores, inclusive o trabalho, fossem supridas sem o uso de dinheiro. Contudo, com a chegada de turistas que gastavam grandes quantias no local, houve um grande desequilíbrio e as pessoas começaram a se sentir pobres. Antes disso, não existiam crimes ou a noção de pobreza naquela cultura. Os princípios de compaixão e conexão que eram a base daquela sociedade foram substituídos pela ganância e pela pobreza, e os índices de suicídio e uso de drogas cresceram.

Acredito que a história de Ladakh seja uma triste metáfora para o século 21, época em que a interdependência pode acabar se tornando uma espécie de epidemia (em vez de uma rede de apoio), porque não sabemos nos conectar de forma plena. Além disso, ela evidencia como o estímulo a um modo de pensar baseado na comparação pode agir feito um veneno, destruindo a igualdade e o contentamento.

RELAÇÕES

A primeira conexão que estabelecemos em nossa vida – com nossas mães – envolve uma troca química. Assim que o bebê deixa o ventre da mãe, tanto ela quanto o recém-nascido recebem uma grande injeção natural de cortisol. Isso protege o bebê dos perigos enquanto ele passa de um ambiente aquático a outro imerso em ar. Em um cenário ideal, o bebê é colocado então junto ao peito de sua mãe, e o contato direto entre a pele dos dois produz oxitocina em ambos. O nível de oxitocina se elevará ainda mais com a amamentação, reduzindo os níveis estressantes de cortisol. A oxitocina é o composto químico associado às sensações de calma, segurança e conexão. Seus apelidos no meio científico são "composto do cafuné" e "molécula da autoconfiança" – ela faz com que nos sintamos seguros, e também é a fórmula química da conexão.

Nossa mãe nos apresenta, assim, à resiliência, mostrando que podemos passar de um estado agitado de stress provocado pelo cortisol para uma posição de calma e segurança, imersos na oxitocina. Ela está nos mostrando como lidar com o stress por meio da indução de um estado de calma, gerado por sua bondade e compaixão.

Esses acontecimentos criam os caminhos neurais da resiliência em nosso cérebro, que, ao longo da vida, serão uma fonte de apoio essencial. O bebê também é apresentado a seus recursos internos – o composto químico oxitocina, que permite que ele se sinta conectado.

A oxitocina é um produto do amor incondicional, e nos sentimos acalentados ao experimentá-la. Quando entendemos que a felicidade verdadeira reside no reconhecimento de nossa conexão com o mundo, nosso equilíbrio químico interno se transforma por completo, criando uma sensação estável de calma e segurança.

Existem outras coisas em nossa vida que elevam os níveis de oxitocina, como encontrar uma comunidade coesa, ou mesmo dar e receber abraços. A tribo é uma unidade comunitária poderosa, e já foi comprovado que a tribo Masai, na África, tem níveis elevados de oxitocina. Estudos demonstraram que a meditação também estimula a produção de oxitocina, contanto que seja praticada de forma altruística.

Nascemos para nos conectar. Muitas pessoas, contudo, vivem amontoadas em casas que mais parecem caixas, com repartições finas separando uma residência da outra. Talvez elas sequer saibam o nome de seus vizinhos. Talvez, ao se deitarem à noite, o vizinho também esteja deitado em sua cama do outro lado da parede. É como se respirássemos com o rosto colado um no outro, separados apenas por uma fina parede, mas sem nos conhecermos. Uma parcela imensa de nossa sociedade vive assim, em caixas empilhadas uma ao lado das outras, cuidando apenas de suas próprias necessidades e de sua família. Muitos de nossos problemas sociais derivam desse estilo de vida autocentrado e dissociado de nosso instinto natural de conexão.

Quando somos egoístas, nossas relações perecem. Muitas vezes há uma espécie de *quid pro quo*: queremos que os outros nos amem de volta. Esse é o "acordo". Não há dúvidas de que esse desejo é compreensível, mas ele enseja um problema. Na realidade, podemos dar e receber amor, mas não podemos arrancá-lo ou exigi-lo de outra pessoa. Isso é impossível. O subentendido de "Eu te amo, você também me ama, esse é o trato, e se ele for desrespeitado nosso amor será cancelado" é mais adequado a transações de negócios. Às vezes, nossa identidade depende de alguém que nos ame. É comum a percepção de que precisamos de outra pessoa para nos "completar", mas isso só perpetua uma ilusão de incompletude, fazendo com que jamais nos sintamos completos.

Sofremos em nossas relações quando há uma troca de stress entre as partes. Esse é um grande problema nas famílias: quando os pais "despejam" seu stress nos filhos, esse stress pode ser internalizado. A criança cresce com a voz raivosa de seus pais falando em sua mente, e isso se torna parte de quem elas são até resultar em problemas de autoestima mais adiante. É como um sofrimento hereditário: nossos pais receberam essa carga dos pais deles, e assim por diante.

Pais tendem a viver sobrecarregados, e por isso reagem com stress ao comportamento dos filhos. Quando uma criança expressa uma emoção, é comum que pais estressados reajam dizendo "Pare!" ou "Não!". A criança cresce com a sensação de que suas emoções devem ser negadas, e isso acaba gerando uma desconexão emocional. A inteligência emocional pode ser ensinada às crianças quando seus pais aprendem a não dizer "não" de forma automática e conseguem manter uma postura plena e de abertura.

Aprender a meditar é um dos maiores atos de bondade que você pode fazer por si mesmo, por sua família, pelas pessoas com quem se relaciona e pela sociedade como um todo. Isso trará uma resiliência que lhe permitirá lidar com seu próprio stress sem transmiti-lo aos outros. Você pode se conectar de forma saudável. Você pode romper com a cadeia de sofrimento.

MEDITAÇÃO PARA CRIANÇAS

Quando dou palestras, os pais que estão na plateia costumam fazer perguntas sobre seus filhos praticarem meditação e *mindfulness*. Como eles consideram essas práticas úteis para si mesmos, sentem uma vontade natural de compartilhá-las com seus filhos. Os pais têm se preocupado cada vez mais com os níveis de stress dos filhos, pois alguns ambientes escolares têm expectativas irreais em relação aos alunos e acabam se assemelhando a um ambiente de trabalho. A internet, sobretudo as redes sociais, criaram diversos tipos de stress e insegurança, e pais horrorizados veem seus filhos cada vez mais afundados nas telas de celulares. Felizmente, vem ganhando força um movimento que deseja levar o *mindfulness* às escolas.

Dou aula em diversas escolas do Reino Unido, onde tento implementar uma cultura de atenção plena que possa auxiliar alunos e funcionários. Trabalho com os ensinos fundamental e médio, tanto no setor público como no privado. Promovo sessões de meditação em sala de aula e mostro aos professores como eles podem começar suas lições com um exercício de *mindfulness* com dois minutos de duração.

Nem preciso dizer que as crianças são os líderes de amanhã e, se ensinarmos meditação a elas enquanto ainda são jovens, isso pode ter um impacto muito positivo no futuro da sociedade.

Se todas as crianças do mundo aprendessem a meditar aos 8 anos de idade, erradicaríamos a violência em todo o mundo em uma única geração.

SUA SANTIDADE O 14º DALAI-LAMA

A pergunta que os pais costumam fazer é: "Como faço para meus filhos meditarem?". Acho importante não impor a meditação a ninguém, sobretudo quando se trata de crianças e adolescentes. Eles podem desenvolver resistência com grande facilidade e passar a ver a prática como forma de pressão ou castigo, como ser obrigado a comer salada. Há escolas nos Estados Unidos que substituíram as suspensões por sessões de *mindfulness*, e me pergunto se isso não associa o *mindfulness* à punição. É importante fazer com que a meditação seja convidativa, e até mesmo divertida, para que seus filhos a associem a coisas positivas. Também ajuda adaptar as técnicas para que seja mais fácil entendê-las. Sessões mais curtas funcionam melhor.

Meu principal conselho, contudo, é que os pais deem o exemplo. Se você é pai ou mãe e medita com regularidade, está transmitindo uma mensagem positiva para seus filhos e normalizando a prática da meditação. Conforme seus níveis de stress forem caindo, seus filhos também se beneficiarão dos efeitos.

Outra boa ideia é utilizar em sua vida familiar muitas palavras ligadas à bondade e à compaixão. Isso pode fazer com que as crianças percebam a importância dessas qualidades. Isso também deve ser feito de modo que não pareça obrigatório. Minha avó costumava mandar que eu fosse bom e me forçar a escrever cartas de agradecimento. Subentendia-se que eu era mau por não pensar naquilo sozinho, e eu costumava encarar tudo aquilo com grande ressentimento!

Em suma, somos criaturas de conexão. No fundo, a bondade é a nossa verdadeira natureza e a felicidade genuína só é possível quando reconhecemos nossa conectividade. Esse reconhecimento leva à compaixão, tema do próximo capítulo, que é a chave para encontrarmos a felicidade duradoura, capaz de respeitar nosso alto grau de conexão com os outros.

* * * * * * *

EXERCÍCIOS DE MEDITAÇÃO

1. Focando em objetos naturais

Este primeiro exercício utiliza objetos ao nosso redor como apoios meditativos, criando uma conexão plena com o mundo exterior.

Posicione algum objeto pequeno em uma mesa à sua frente e concentre seus olhos nele. Pode parecer simples, mas você perceberá que sua atenção se desviará o tempo todo. Queremos treinar a capacidade de retornar ao objeto.

Utilize um objeto da natureza – uma pedra, um graveto ou a chama de uma vela. Você vai se conectar com as coisas naturais do mundo ao redor, relacionando-se com elas de forma plena.

Escolha apenas um desses objetos. Se for uma pedra ou um graveto, tente encontrar algum pouco acidentado e de cor relativamente uniforme. Se for usar a vela, uma bem simples serve. Coloque o objeto escolhido à sua frente, nem muito perto, nem muito longe, mais ou menos na altura do peito. O ideal é que o fundo seja azul, mas encontre ao menos uma mesa ou toalha de mesa sem estampa para que isso não sirva de distração.

Sente-se com uma boa postura, ereto em uma cadeira. Você pode colocar uma pequena almofada na base da coluna. Mantenha as costas retas, sem apoiá-las no encosto. Seus pés ficam paralelos, apoiados no chão. Seu corpo permanece equilibrado. Suas mãos repousam no colo, ou ficam sobre os joelhos ou coxas com as palmas viradas para baixo. Recolha ligeiramente o queixo e posicione a língua no céu da boca no espaço logo atrás dos dentes. Fique de olhos abertos, pois você vai encarar o objeto à sua frente durante a maior parte da sessão.

Comece manifestando uma intenção de bondade. Lembre-se de que a sua prática o ajudará a encontrar a felicidade verdadeira que você poderá compartilhar com os outros, pois todos estamos interconectados. Essa será sua motivação compassiva.

Em seguida, dedique alguns momentos a sentir o chão sob seus pés. Depois, desvie a atenção para os pontos em que seu corpo está em contato com a cadeira. Por fim, tome consciência de seus ombros.

Você dedicará a maior parte da sessão a olhar para o objeto à sua frente – a pedra, o graveto ou a chama. Se estiver usando uma vela, olhe para o centro da chama.

Mantenha o olhar fixo no objeto e lembre de piscar sempre que preciso. Quando sua mente se distrair, retorne sua atenção para o ponto que seus olhos estão fitando.

Às vezes seus olhos podem ficar cansados. Se isso acontecer, feche-os por alguns segundos.

Você não ficará *pensando sobre* o objeto; apenas tome consciência dele sem se distrair. Quando isso acontecer, volte sua atenção para ele outra vez com suavidade. Isso não é como fitar o vazio: sua consciência e seu foco devem ficar plenamente ativos.

Em alguns casos, você pode sentir alguma distorção visual. Pode parecer que o objeto está se movendo ou mudando de forma. É apenas uma ilusão de ótica causada por uma tensão súbita. Para resolver isso, feche os olhos por alguns instantes. É importante ficar relaxado. Mantenha o foco de seus olhos e sua mente.

Para concluir a sessão, com duração de dez a quinze minutos, desvie o olhar do objeto e foque em seu corpo por alguns instantes.

O último passo é relembrar sua intenção de bondade. Pense em como sua prática é uma oferta de compaixão a si mesmo e aos outros.

2. Prática de gratidão

Essa prática é especialmente útil nos tempos modernos. Como mencionado antes, vivemos em uma era em que as pessoas têm mais tendência do que nunca a estarem insatisfeitas. Focamos em aspectos negativos e no que nos falta. Somos condicionados a sentir o tempo todo que algo está faltando.

Você pode, contudo, aprender a ser grato e apreciar as coisas. É possível treinar isso e aproveitar tudo de verdade. Você não deixará de conquistar seus objetivos, apenas buscará formas de se sentir realizado no momento presente e a ter uma mente mais positiva.

Sente-se em um local silencioso, com a boa postura de sempre. Como esta é uma prática de "pensamento", você pode fechar os olhos se preferir.

Manifeste a melhor motivação possível para esta prática: o desejo de trazer mais felicidade não só para si, mas para o mundo. É um intuito de pura compaixão.

Dedique alguns momentos a atingir o *mindfulness*, sentindo o peso de seu corpo contra a cadeira e o chão sob seus pés.

Traga para a sua mente três coisas pelas quais você é grato. Podem ser coisas, pessoas, situações... qualquer coisa. Pense devagar em cada uma delas, uma por vez, explorando por que você é – ou poderia ser – grato por elas. Aprecie-as e sinta o máximo de gratidão que puder por essas coisas.

Tente entender que todas as coisas dependem de todas as outras. Nossa mera sobrevivência depende de muitas coisas ao nosso redor. Dessa forma, você pode criar uma sensação profunda de gratidão e contemplar a bondade do mundo.

O próximo passo é se sentir feliz pelos outros. Regozije-se em sua mente pelas conquistas e pela felicidade dos outros. Pense em pessoas que você conhece e em pessoas que não conhece. Cultive a felicidade por elas, o prazer por seu sucesso. Geralmente, nós nos sentimos assim quando coisas boas acontecem àqueles que amamos, mas aqui vamos estender o sentimento a estranhos, pois todos somos interconectados e capazes de compartilhar a felicidade. Há felicidade suficiente no mundo para tanto.

Para concluir a sessão, após transcorrido o tempo que você escolheu (dez ou quinze minutos, por exemplo), foque em seu corpo por alguns instantes, sinta seus ombros, o contato do corpo com a cadeira e, por fim, o chão sob seus pés.

Para encerrar, reafirme a intenção compassiva que você estabeleceu no início da sessão. Lembre-se de que você está praticando a meditação para benefício de todos. Quando sua prática começar a dar frutos, você se tornará mais apto a compartilhar a paz e a felicidade com os outros.

Como em todos os exercícios meditativos, é bom praticá-lo de forma regular. É bom pensar em três coisas diferentes a cada meditação, construindo assim uma sensação de gratidão e apreciação por todas as coisas de sua vida.

9

COMPAIXÃO

DEPOIS QUE VIAJEI PELO MUNDO DURANTE QUASE 12 anos dando palestras e cursos, Rinpoche me disse que eu estava ficando "meio parecido com um papagaio", limitando-me a repetir sempre as mesmas instruções que havia escutado, e por isso me encorajou a participar de um retiro meditativo de longa duração. A proposta era compreender a prática mais a fundo para o meu próprio desenvolvimento, mas também para poder ensinar meditação a partir de uma perspectiva mais aprofundada, direto da alma. Assim, em 2005, ingressei em um retiro de 4 anos na Ilha de Arran, na Escócia.

Eu estava com muito medo de ir. Tendo participado de um retiro de nove meses alguns anos antes, eu sabia que aquilo seria uma tarefa árdua e que eu precisaria encarar os demônios da minha mente. De fato, passei os primeiros 2 anos imerso em um estado de grande depressão e ansiedade, no qual eu sofria ataques de pânico e era invadido por turbilhões de emoções com frequência. Foi uma experiência chocante, e tive dificuldade para me envolver plenamente com as práticas. Eu tinha uma estátua de Buda em um altar no meu quarto, e minha vontade era derrubá-la e chutá-la para longe. A negatividade de minha mente chegara ao extremo. Em alguns momentos, eu sentia que estava caindo em um espaço escuro sem ter onde me segurar. Foi muito humilhante, pois eu era um dos monges "sênior" do retiro e, ainda assim, estava arrasado.

O fundo do poço foi quando percebi que estava em um estado tão sombrio que comecei a pensar em ir embora. Mas, de certa forma, quando chegamos ao fundo do poço não temos opção senão subir. A única escolha restante era mergulhar nas técnicas meditativas que estavam me ensinando, e quando fiz isso tudo começou a mudar. Passei a descobrir formas de lidar com minha dor, de *aceitá-la* quando meditava "sobre" ela. A segunda metade desse período de 4 anos foi completamente diferente. Descobri que a felicidade é como um "interruptor" dento de nossa mente. Fiquei fascinado ao perceber que era possível ativá-lo por meio da aceitação compassiva de nossa dor. Comecei a ver como é possível *optar* pela felicidade, e também entendi a importância de sentirmos compaixão por nós mesmos e pelos outros. Os diversos níveis de autodesprezo foram dando lugar a uma sensação mais profunda de aceitação, que acredito ser a base que nos permite ajudar os outros. Ainda tenho um longo caminho pela frente, mas aprendi algo que mudou minha vida, e que agora tento compartilhar com as pessoas.

Quando deixei o retiro, comecei a ensinar meditação outra vez. Hoje em dia, enfatizo sempre que a compaixão é o centro desse aprendizado. Vejo-a como a chave para encontrar a felicidade verdadeira e sustentável – não só para nós, mas também para ajudar os outros a encontrá-la neste nosso mundo interdependente.

DA EMPATIA À COMPAIXÃO

Nos capítulos anteriores, aprendemos que somos programados para nos sentirmos conectados aos outros. Normalmente, vivenciamos isso por meio da empatia, o sentimento que nos toma quando vemos outras pessoas sofrendo. No entanto, isso também pode nos debilitar. Pesquisas mostram que, quando vemos alguém sofrer, nosso cérebro ativa regiões que correspondem ao que a outra pessoa está sentindo. Por exemplo, se vemos alguém submetido à dor física, as mesmas áreas do *nosso* cérebro entrarão em ação, quase como se fossem um espelho. Tania Singer, neurocientista que desenvolveu muitos trabalhos nessa área, descreve a empatia como uma forma de "contágio emocional", como se "pegássemos" o sofrimento dos outros. É como se alguém estivesse se afogando e pulássemos na água sem saber nadar: assim, nos afogamos juntos. Não sabemos como salvá-la. Não é uma atitude muito útil, porque agora *duas* pessoas precisam de ajuda. A compaixão, por outro lado, é muito mais dinâmica, como veremos posteriormente.

Conectar-se aos outros por meio da empatia, portanto, tem lá suas limitações. Essa sensação pode causar fadiga e stress, deixando-nos mal preparados para ajudar os outros. Podemos estudar quatro formas como isso acontece.

Reatividade emocional

A empatia é uma *reação emocional*: vemos alguém sofrendo e nos mobilizamos. Claro que isso é bom – significa que temos coração, que estamos abertos ao outro. Mas a mera *emoção* é fugaz e não serve de muita coisa. Os sentimentos vêm e vão, e dependem dos estímulos certos. Quando esses estímulos deixam de existir, o mesmo ocorre com o sentimento, e, portanto, a empatia não é um fenômeno estável. Além disso, o componente emocional da empatia pode servir apenas para que também soframos, o que não será muito útil para ninguém.

Expectativa

A empatia pode fazer com que sejamos bondosos com os outros e, quem sabe, tentemos ajudá-los. Mas isso pode ser uma armadilha se esperarmos algo em troca. Talvez tenhamos a necessidade de sentir que "valeu a pena". Muitas vezes, tendo feito muito esforço para ajudar alguém, chegamos a um ponto em que pensamos: "Depois de tudo que fiz por ele...". Sentimos que nosso trabalho não foi reconhecido ou retribuído – achamos que temos direito a alguma forma de gratidão. Há uma expectativa de que, porque fizemos o que fizemos pela pessoa, deveríamos ser tratados de determinada forma. Isso pode resultar em algo parecido a um sistema de escambo. Ou seja, não raro há expectativas por trás de nossa empatia.

O cenário mais doloroso é quando fazemos de tudo para ajudar alguém e, em dado momento, esse alguém nos decepciona, machuca ou se aproveita de nós. Então há uma voz em nossa mente que ganha força: "Depois de tudo que fiz por essa pessoa... Como ela foi *capaz*?".

Isso sugere que nossa ajuda não era incondicional – havia outras regras sob a superfície. Podemos acabar com a sensação de que não valeu a pena presenteá-lo com a nossa bondade, ou que o ato não se justificou. Isso pode ser imensamente frustrante.

Preferência

Em geral, nossa empatia tem alguma característica *preferencial*. Preferimos indivíduos específicos e, quando se trata de estranhos, nossa empatia só vem à tona quando eles se encontram em determinadas situações. Isso é incrivelmente limitador e, embora a preferência ocupe o primeiro plano, o medo e a raiva também são acionados se desconfiarmos que não receberemos em troca aquilo que esperávamos.

Claro, é natural que nos sintamos mais próximos de amigos e familiares, mas esse "grupo" implica a existência de um "fora do grupo": traçamos um limite e batemos a porta na cara dos demais. Seja qual for o caso, a ideia de amizade representa um processo um tanto arbitrário e aleatório: o nosso amigo mais próximo de hoje talvez fosse um estranho no ano passado, e pode voltar a ser um estranho no ano que vem. Nesse sentido, todas as pessoas do mundo são melhores amigos em potencial – o único detalhe é que ainda não as conhecemos. Sendo assim, não há por que tomar atitudes com base na preferência.

Sentimos empatia por desconhecidos, mas geralmente apenas nos casos em que seu sofrimento é bastante óbvio. Mais uma vez, nossa empatia nos conecta apenas a alguns indivíduos ou pessoas em situações específicas. Ao andarmos por uma rua movimentada, as pessoas que passam apressadas são meros objetos inominados, e não sentimos nada em particular por elas. No entanto, se uma delas – sobretudo uma criança ou idoso – tropeçar e cair, nós *sentimos* algo, e espera-se que decidamos ajudá-la. Infelizmente, elas precisaram de um caso grave para despertar nossa empatia. É quase como se as pessoas precisassem *comprar* nossa empatia através do *merecimento*, ou seja, apresentando sintomas claros. Mas essa resposta empática tem curta duração e é meramente reativa. Antes de cair, essa pessoa não merecia nosso amor e nossa bondade? Ela só sofre ao cair?

Quando aprendemos a meditar, tornamo-nos mais conscientes da condição humana e começamos a ver que muitas vezes o sofrimento das pessoas permanece oculto. As pessoas que andam pela rua com expressões casuais simplesmente não estão mostrando os conflitos que carregam dentro de si. E nós, não agimos igual? Faz sentido ser bondoso com os outros apenas quando eles *mostram* sua dor?

Outra questão referente à preferência é que não costumamos sentir empatia por nossos "inimigos" ou pelas pessoas de quem não gostamos. Apenas nos irritamos com elas e, evidentemente, não queremos *perdoar* seu comportamento. A ideia de sentir empatia por alguém que fez coisas terríveis é chocante e repulsiva, pois sugere que devemos aceitar o que fizeram. Por isso, sempre fechamos nosso coração em situações assim.

A conclusão é que todas as formas de preferência reduzem a empatia a uma resposta limitada, o que não é lá muito útil.

Frustração

A faceta mais dolorosa da empatia é a sensação de desamparo ou *frustração*. Não é difícil que todo o sofrimento que vemos no mundo nos deixe frustrados e exaustos, pois nos sentimos incapazes de *fazer* algo a respeito. Ficamos presos em um sentimento ruim.

Existem três reações comuns a essa frustração. Às vezes, somos consumidos por nossas emoções. Choramos e somos sufocados pela sensação de estarmos sobrecarregados; isso se chama "angústia empática" e tem um imenso poder debilitante. Em outros casos, podemos ficar irritados, e a frustração pode se manifestar por meio da raiva e da busca por culpados. A terceira e mais comum dessas reações é nos tornarmos frios e entorpecidos. Simplesmente não sabemos o que fazer perante os problemas dos outros e, por isso, acabamos nos fechando. É a reação típica que temos quando passamos por um morador de rua: não sabemos o que fazer – é difícil suportar aquilo –, por isso baixamos o olhar e seguimos nosso caminho.

A COMPAIXÃO É A CHAVE DA FELICIDADE

A empatia, apesar de suas limitações, é um ponto de partida. A compaixão é o que permite irmos mais fundo. Ter compaixão significa entender a dor dos outros, cultivar uma intenção profunda de ajudá-los e traduzir isso em forma de ação. É como aprender a nadar para socorrer alguém que está se afogando, mas também significa ajudar os outros de forma mais profunda e sustentável, e não somente através do alívio imediato. A compaixão é altruísta, infinita e incondicional. Enquanto a empatia se atrela a expectativas e exigências, a compaixão incondicional ocorre em qualquer situação. Por meio dela, em vez de nos conectarmos com os outros "porque" ou "nos casos em que", simplesmente os amamos do modo como são. Podemos desenvolver a compaixão trabalhando nossa mente; ela expande a empatia para além de quaisquer limites.

Pesquisas com imagens de tomografia demonstraram que, quando alguém sente compaixão em vez de empatia, os sentimentos e emoções são menos ativados – a *intenção* é o que ganha mais força. O córtex motor do cérebro se prepara para a ação. Pesquisadores concluíram que a atividade cerebral causada pela empatia pode gerar stress e fraqueza. Por outro lado, podemos treinar a compaixão, que gera mais resiliência e encoraja um comportamento "pró-social". O comportamento pró-social é a compaixão em ação – ele designa o ato de dar a cara a tapa e fazer algo pelos outros.

Estamos falando de treinar o coração. Isso é muito diferente de sentir empatia de forma aleatória ao vermos o sofrimento dos outros – uma sensação que pode ser nada mais que uma forma de pena ou o desperdício de nossos recursos mentais. Podemos fazer da compaixão a nossa essência, nossa natureza, nosso próprio ser, em vez de vivenciá-la apenas como uma reação emocional que é ativada ou não conforme sua vontade.

O amor e a compaixão se encontram no seio de todas as tradições espirituais e ocupam um papel central nas práticas de meditação e *mindfulness*. Existem técnicas para desenvolver amor e compaixão de forma perene, ilimitada e incondicional. É somente através do cultivo dessas qualidades que podemos ajudar de fato as pessoas e encontrar uma felicidade indissociável da felicidade dos outros. A felicidade, como todas as outras coisas, é uma realidade interdependente.

Nos textos sobre meditação, o "amor" é descrito como uma "bondade que ama" – isto é, o desejo de fazer com que os outros alcancem a felicidade verdadeira. Já a "compaixão" é o desejo de que os outros se livrem da dor e do sofrimento. Mas é possível ir um passo mais adiante: podemos assumir o compromisso de ensinar as pessoas a criarem as condições para sua felicidade futura e se livrarem das causas para seu sofrimento futuro. O uso da palavra "para" no lugar de "de" é deliberado, pois quando dizemos "causas *da* felicidade" ou "causas *do* sofrimento" presumimos que as causas são as coisas externas. Quando, por outro lado, referimo-nos às "causas *para* a felicidade" ou "causas *para* o sofrimento", reconhecemos que nós mesmos criamos essas causas por meio do pensamento, o que pode resultar em felicidade ou sofrimento. Entender isso significa que é possível se libertar.

Se conseguirmos estabelecer uma relação dinâmica entre nossa prática meditativa e a compaixão, encontraremos um caminho e uma direção nítidos. A compaixão é o caminho mais rápido para a felicidade própria e também do mundo. No capítulo anterior, exploramos como a felicidade do indivíduo está interligada à felicidade do grupo. Treinando a compaixão, podemos descobrir uma felicidade totalmente compatível com a interdependência.

O importante aqui é pensar *por que* estamos meditando. Se nossa prática meditativa for guiada pelas demandas de nosso ego, acabaremos presos em um ciclo de desejo. Nele, cobiçaremos e correremos atrás da sensação de bem-estar, como descrito no Capítulo 7.

> *Todo sofrimento, sem exceção, nasce da mente que busca a felicidade para si, enquanto a felicidade perfeita e duradoura surge da mente que busca beneficiar os outros.*
> PROVÉRBIO BUDISTA

Essa afirmação sugere que a verdadeira felicidade surge apenas da compaixão. Quanto mais corrermos atrás da satisfação pessoal e desejarmos nos sentir bem, mais nossas expectativas nos deixarão decepcionados e insatisfeitos. A mente compassiva, por outro lado, abdica do desejo para imergir em um estado de maior vastidão, em que é possível alcançar a liberdade irrestrita e a felicidade incondicional. Nesse cenário, podemos meditar não apenas por nós mesmos, mas também para os outros?

COMO AJUDAR OS OUTROS

Conforme progredimos na prática meditativa, tornamo-nos mais cientes de nossos processos mentais. Percebemos em primeira mão como a mente pode ser estável e vemos como ela costuma ir a lugares aos quais preferíamos que não fosse. Entendemos como é difícil controlar nossos pensamentos e emoções e como é fácil assumir uma postura reativa. Esta percepção crescente aguça nossa consciência da mente e, assim, permite-nos compreender melhor os outros e seu sofrimento. Quando descobrimos também que os hábitos da mente podem ser *transformados*, tornamo-nos aptos a ajudar as pessoas de forma mais eficaz. Podemos começar a nos conectar de forma mais compassiva, e também reparamos em nossa tendência de julgar as pessoas – "Ele é mau / Ela é má / Eles sabiam o que estavam fazendo". Em vez de demonizarmos alguém de quem não gostamos, descartando-o simplesmente como alguém mau ou equivocado, podemos reconhecer a dor e a confusão que o guiam. Essa compreensão pode ser a chave para a paz de todos os envolvidos.

A compaixão profunda vem à tona, portanto, quando aprendemos a aceitar com bondade a condição humana. Podemos nos tornar mais úteis para os outros a partir desse insight mais complexo. Além disso, relações e situações que antes pareciam desafiadoras podem começar a se transformar.

Como sabemos agora, ter compaixão é mais do que se sentir mal pelos outros ou ser gentil com eles: trata-se de assumir um compromisso duradouro pela felicidade de todos os seres, o que implica uma abordagem de longo prazo, em detrimento de momentos aleatórios em que fazemos os outros se sentirem melhor. Uma metáfora para isso é a formação de um estudante de medicina. Eles querem ajudar as pessoas, melhorar e salvar vidas, e para tanto precisam cursar medicina. Durante os anos de estudo eles não salvarão praticamente nenhuma vida, mas acumularão as habilidades de que precisarão depois que estiverem formados. Por vezes, nossa prática meditativa pode ser assim. Se mantivermos isso em mente, saberemos que estamos aprendendo a meditar para poder ajudar os outros.

Estabelecendo a intenção

Em termos práticos, quando empreendemos uma sessão de meditação, por mais breve que seja, é bom criar conscientemente uma intenção de compaixão. Isso pode ser feito ao início e ao fim da sessão: basta dedicar alguns momentos a estabelecer mentalmente essa motivação. Você pode pensar: "Estou me dedicando a essa prática não só para mim, mas também para os outros. Que, através desse treinamento, eu possa alcançar a capacidade de ajudar os outros da forma mais profunda possível". Criar esse desejo em seu pensamento tem um poder incrível, pois isso acaba dando o tom da meditação e conectando-o a um propósito mais profundo. Você investirá o poder da meditação da forma mais benéfica possível e terá um plano, um propósito. A impotência da empatia é convertida no dinamismo da compaixão. Isso pode ser constatado em pesquisas recentes, que revelaram atividade das intenções no córtex motor do cérebro, conforme mencionamos anteriormente (ver página 158). Assim, treinaremos para agir de forma sustentável e significativa em lugar de nos limitarmos a sentir pena das pessoas.

Talvez não possamos ajudar muitas pessoas hoje, neste exato momento, mas acumularemos habilidades que, mais tarde, poderemos usar para fazer a diferença. Conforme desenvolvermos nossa prática e aprofundarmos nossa compreensão, também ampliaremos nossa capacidade de ajudar os outros a transformar seu sofrimento. Se cultivarmos a paz em nossa mente, seremos capazes de promovê-la também no mundo ao nosso redor. Isso não quer dizer que devamos necessariamente ensinar as pessoas a meditar – na verdade, só recomendo fazer isso se você tiver a qualificação adequada, e talvez eu trate disso mais adiante. Podemos cultivar a felicidade dos outros de muitas formas. Cada ato de bondade e compreensão tem o potencial de efeito dominó. Todos estamos inter-relacionados, e isso significa que nossas ações afetam o modo como outras pessoas tratam terceiros. É assim que a felicidade pode se espalhar.

A paz mundial deve ser consequência da paz interior. A paz não é a mera ausência de violência. A paz é, creio eu, a manifestação da compaixão humana.
SUA SANTIDADE O 14º DALAI-LAMA

TRÊS NÍVEIS DE COMPAIXÃO

Conforme nossa prática for amadurecendo, passaremos por três estágios de desenvolvimento da compaixão:

1. Ver todos como iguais;
2. Ver as necessidades dos outros como mais importantes que as nossas;
3. Altruísmo: carregar o peso dos outros.

1. Ver todos como iguais

O primeiro nível de compaixão é quando reconhecemos que ninguém é mais importante que ninguém; somos todos iguais. Essa igualdade é a base para desenvolvermos a compaixão, pois ela põe nosso ego em perspectiva. Temos a tendência de nos colocarmos no centro de tudo. Em sua forma mais extrema, a obsessão pelo ego pode gerar arrogância e autodesprezo ("Não existe ninguém tão ruim quanto eu, sou a pior pessoa do mundo").

Todas as pessoas neste mundo desejam o mesmo: felicidade e libertação do sofrimento. Todos trilhamos juntos o mesmo caminho. Não há nenhuma diferença real entre nós. Temos estilos de vida diversos a um primeiro olhar, mas nosso objetivo subjacente é o mesmo. Estamos no mesmo barco e temos uma meta comum. Se pararmos para pensar sobre isso, criaremos um sentimento de união e comunidade. Costumamos nos sentir desconectados ao conhecermos um estranho, mas assim que percebemos que temos algo em comum passamos a estabelecer uma conexão e mudamos de postura. Nesse primeiro estágio da compaixão, podemos sentir que estamos trabalhando de forma conjunta em busca da mesma meta. Reconhecemos o poder da interdependência.

2. Ver as necessidades dos outros como mais importantes que as nossas

Depois que nossa prática já amadureceu um pouco, o segundo estágio consiste em colocar os outros em primeiro lugar e vê-los como mais importantes do que nós mesmos. É claro que isso precisa ser respaldado por um treinamento sólido em meditação, senão acabaremos nos tornando "capachos" ou pensando feito um mártir – "Vou sofrer e deixar todos os outros felizes. Sou um lixo". Na verdade, o "capacho" tem um ego fortemente suprimido: ficamos presos sob um imenso fardo que sufoca nosso grito. Por meio do treinamento meditativo, contudo, podemos abdicar do hábito de solidificar o "eu" e, em vez disso, descobrir a vastidão de uma mente menos afeita a pensamentos egoístas.

Os outros *são* de fato mais importantes que nós. Isso é verdade em termos numéricos, pois existe apenas um de nós e bilhões de outros. Se criássemos dois grupos, um grupo A contendo apenas nós, uma pessoa, e o grupo B contendo todas as outras formas de vida, e nos perguntássemos: "Se as necessidades de um grupo precisassem ter prioridade em relação às do outro, qual deve prevalecer?", a resposta é óbvia. Nossa vida funciona de acordo com esse princípio: se há dez de nós em uma sala e nove pessoas desejam aumentar a temperatura do ar-condicionado, enquanto a outra quer diminuí-la, votamos e decidimos conforme os desejos e necessidades da maioria. Apesar disso, tendemos a viver como se fôssemos o Número Um e isso gera mais stress e insatisfação, conforme discutimos anteriormente.

3. Altruísmo: carregar o peso dos outros

O terceiro e mais elevado nível de compaixão é o altruísmo, que consiste em carregar voluntariamente o peso que tiramos das costas dos outros. Mais uma vez, isso não significa ser um mártir ou capacho: trata-se de um compromisso profundo de se importar com os outros e traduzir isso em ações. Essa atitude nos parece natural quando se trata das pessoas que amamos. Por exemplo, se um de nossos filhos adoecesse e pudéssemos transferir de alguma forma essa doença para o nosso corpo, faríamos isso sem pestanejar. Se estivéssemos subindo uma ladeira e víssemos nossa mãe, já idosa, ao nosso lado, inclinada para a frente pela dificuldade de carregar uma mochila pesada, não tiraríamos a mochila de suas costas imediatamente para aliviá-la? É um impulso natural quando se trata daqueles que amamos, e o estágio mais elevado do treinamento de compaixão consiste em aplicar essa postura a todos os seres.

O que significa tirar o peso de todos os seres? Cultivar maior consciência da condição humana e o desejo de ajudar os outros, de forma que isso resulte em um forte compromisso com a instrução meditativa com este propósito. A meditação então se traduz em ações em benefício dos outros.

Muitos textos budistas usam o amor entre mãe e filho como exemplo de compaixão. As qualidades supremas da mãe são o poder de nutrir e a aceitação incondicional. Durante o treinamento da compaixão, às vezes pode ser útil pensar em nós mesmos como mães de todas as pessoas. Em outras ocasiões, encarar os outros como se fossem nossas mães também ajuda. Isso pode dar origem ao cuidado amoroso e à gratidão sincera, além de ajudar a estabelecer um desejo mais desinteressado e altruísta de ajudar os outros.

Como vimos no capítulo anterior, todas as coisas estão ligadas e conectadas, o que significa que tudo e todos dependem dos outros. Todos os produtos que utilizamos, como nossos alimentos e nossas roupas, foram feitos para nós por outras pessoas. Em razão dessa interdependência, *todo mundo* participou da criação dessas coisas. Quando comemos algo tão simples como um sanduíche, há muitos fatores envolvidos no processo que o levou até nosso prato: as pessoas trabalharam no campo, na embalagem, no transporte e na venda de mercadorias. Na verdade, todas as pessoas neste planeta tiveram algum papel indireto, pois tudo depende de todas as outras coisas, até mesmo o ar que respiramos. Por que a padaria consegue nos vender pão? A sociedade mantém a economia em movimento por meio das ações cotidianas de todas as pessoas, de modo que, na realidade, todas as pessoas nos alimentaram de alguma forma, assim como uma mãe alimenta seu bebê. Se todos, mesmo que de forma indireta e inconsciente, viabilizam nossa vida, devemos a eles uma imensa dose de gratidão, e isso surgirá naturalmente se praticarmos o modo de pensar descrito acima. Da mesma forma que correríamos para proteger nossa mãe se ela estivesse sofrendo, podemos alimentar dentro nós o desejo profundo de cuidar de todos os seres vivos. Esse sentimento serve de base para construirmos um sentimento de compaixão universal.

TREINAMENTO DE COMPAIXÃO

Além de estabelecer a compaixão como elemento motivador de nossas sessões meditativas, conforme descrito na página 162, a chave para treinarmos a compaixão está na forma como tratamos nossa mente. A prática da meditação desencadeia uma postura compassiva em relação a nossos pensamentos e nossas emoções. O cerne da compaixão é o amor incondicional, que significa amar alguém ou algo da forma como é. Não desejamos mudar ninguém ou nada, nem esperamos que sejam diferentes: tudo é perfeito da forma como é. Somos capazes de fazer isso com nossos pensamentos e emoções?

Em geral, temos o costume de repelir nossos pensamentos ou tentar desdobrá-los em outros novos, transformando cada um deles em outros dois, três, ou até mesmo quatro e assim por diante. Fazemos a mesma coisa com as emoções. Na verdade, esse desdobramento é uma forma de agressão, assim como repelir os pensamentos. Basicamente, estamos dizendo que tal pensamento ou emoção não é bom o suficiente da forma como é, que esperamos mais dele e queremos desenvolvê-lo no contexto de uma narrativa mais complexa. É como se alguém nos desse um bolo e cobrássemos velas, estrelinhas e decoração na bandeja. A mensagem que passamos é clara: o bolo não é bom o suficiente, queremos um bolo maior, com glitter e glacê.

É isso o que fazemos com nossos pensamentos e nossas emoções: não conseguimos aceitá-los da forma como são, queremos enviá-los a uma longa jornada para que se tornem mais interessantes ou nos livremos deles. Na prática meditativa, contudo, aprendemos a aceitar sem ressalvas tudo o que surge em nossa mente, sem julgar as coisas como boas ou ruins, apenas deixando-as em paz e retornando ao foco meditativo. A postura de não julgar é a base para a compaixão pelos outros e por nós mesmos. É o único caminho para alcançarmos a felicidade genuína e duradoura.

Sendo assim, até mesmo as práticas mais simples (como a respiração consciente) podem servir de chave para desencadear a compaixão. A seguir, apresentaremos algumas técnicas compassivas mais específicas.

✛ ✛ ✛ ✛ ✛ ✛ ✛ ✛ ✛

EXERCÍCIOS DE MEDITAÇÃO

Como podemos desenvolver um forte compromisso com o treinamento da compaixão? Talvez seja bom se dirigir à voz dentro de nós que pergunta o tempo todo: "O que eu ganho com isso?". O primeiro exercício nos ajuda a entender como a compaixão também nos beneficia.

1. Pensar na compaixão

Este exercício meditativo usa a "contemplação", ou "meditação analítica": você esmiuçará seus pensamentos para ativar uma sabedoria mais profunda. Anteriormente, neste capítulo, observamos as diferenças entre a empatia e a compaixão. Este exercício compara o egoísmo à compaixão. Você fará uma série de perguntas a si mesmo e explorará as respostas que surgirem. Não se trata de saltar direto para conclusões precipitadas, mas de pensar e descobrir.

Sente-se em um local silencioso e mantenha uma boa postura (ver página 71). Se preferir, você pode manter os olhos fechados durante os exercícios contemplativos.

Inicie a sessão tomando consciência de seu corpo; sinta-o em contato com a cadeira. Então, foque em seus ombros e, por fim, na sensação do chão sob seus pés. Isso servirá para ancorar sua atenção no momento presente.

Após alguns momentos, pense no egoísmo e faça mentalmente as cinco perguntas abaixo, dedicando alguns minutos a refletir sobre cada uma delas e explorando as respostas que vierem à mente.

– Quando sou egoísta ou me comporto como se estivesse encasulado em mim mesmo, o que eu sinto? Minha mente parece grande ou pequena? Relaxada ou tensa? Há alguma preocupação, necessidade de correr atrás, de proteger e de se ater às coisas?

– Como meus problemas ficam quando sou egoísta? Parecem maiores ou menores? Estou colocando meus problemas e minhas preocupações sob a lente de um microscópio e fazendo com que eles pareçam maiores? Estou perdendo a perspectiva?

– Qual o efeito de uma mente egoísta sobre o ambiente ao redor?

Você pode abordar essa terceira pergunta antes, a partir de uma perspectiva global e a partir de outra, mais pessoal. O pensamento egoísta não seria o responsável pelos efeitos tão danosos sobre a ecologia do planeta, as sociedades, as comunidades e as famílias? O irônico é que aqueles que estão destruindo o planeta não levam em conta que seus netos e bisnetos sofrerão em decorrência disso. Mesmo que esses indivíduos ainda não tenham nascido, os responsáveis pela destruição os veriam como familiares, como entes queridos. Em *nível pessoal*, o principal causador de problemas nas famílias e em outras relações são as pessoas que só pensam em si mesmas e agem com visão de curto prazo, o que sempre acaba gerando conflitos.

– O que eu ganho em troca de meus pensamentos e comportamentos egoístas?

Não sabemos que as pessoas não gostam de gente egoísta? Adoramos nos cercar de pessoas gentis, menos obcecadas por si mesmas.

> – *Como resultado disso, como acabo me sentindo em relação a mim mesmo? Escorrego em uma sensação de solidão?*

Terminada a lista de cinco questões, a segunda parte do exercício consiste em responder às mesmas perguntas enquanto você pensa sobre as características de uma mente compassiva, o estado mental menos interesseiro e de maior abertura aos outros, marcado por uma generosidade mais ampla e pelo desejo de ajudar as pessoas. Primeiro pense quais seriam essas qualidades, e então direcione sua mente para as seguintes perguntas:

> – *Como é ter esse tipo de mente?*
> – *Como ficam meus problemas quando estou em um estado mental de maior compaixão?*
> – *Qual é o efeito sobre o ambiente, a sociedade e os relacionamentos?*
> – *Que tipo de retorno recebo dos outros?*
> – *Como me sinto em relação a mim mesmo?*

Talvez você descubra que a mente compassiva é mais vasta e menos fechada e autocentrada. Os problemas se tornam menores quando você os coloca em perspectiva e vê que os *outros* também sofrem – você não é o único. Você pode se tornar mais objetivo se tirar a dor do microscópio e se interessar mais pela felicidade dos outros e em formas de incrementá-la. Em muitos sentidos, nossos problemas estão ligados ao tamanho de nossa obsessão em remoê-los.

Se você for bondoso e compassivo, é provável que receba um retorno positivo das pessoas: elas vão adorar passar um tempo com você e haverá um sentimento de conexão. A compaixão é, portanto, uma situação em que todos saem ganhando. Essa sessão pode durar de quinze a vinte minutos. O exercício o ajudará a entender a importância da bondade e da compaixão a partir de uma perspectiva muito íntima. Todo mundo quer ser feliz, mas talvez ainda não tenhamos percebido que isso só é possível através da compaixão genuína. Talvez você comece a perceber que desenvolver a compaixão é bom para os outros, e para você também. Todos saem derrotados no jogo de viver sob os comandos do ego, e ninguém fica feliz com isso.

2. Meditação compassiva

Sente-se em um local silencioso e adote a postura formal de meditação conforme descrita na página 71. Primeiro, crie a motivação de meditar não somente em benefício próprio, mas também dos outros. Dedique alguns momentos para estabelecer essa intenção. Tome ciência de seu corpo, sinta seu contato com a cadeira e então tome consciência de seus ombros. Feito isso, sinta o chão sob seus pés apenas por alguns instantes.

Você utilizará a visualização, ou seja, a criação de uma mensagem mental. Imagine que, no centro de seu peito – na altura do coração, mas no centro – existe uma bola de luz brilhante. Essa luz pode ser da cor que você quiser; eu gosto que seja branca ou cor-de-rosa. Pense que essa luz representa a liberdade e o êxtase profundo que são sua verdadeira natureza, a parte mais profunda de sua mente, como descrito no Capítulo 2. Essas qualidades são a compaixão e o amor ilimitados e incondicionais.

Imagine que a bola de luz está brilhando e irradiando raios de luz que começam a preencher seu corpo. Conforme a luminosidade emana de dentro, sinta como se estivesse sendo banhado de amor, bondade e felicidade provenientes de seu interior. Todos os vestígios de dor e sofrimento se dissolvem.

Então, a luz irradia para fora de seu corpo e atinge outros. Crie um desejo profundo de que as pessoas possam encontrar felicidade e liberdade no sofrimento e consigam criar as *causas* para a liberdade e a felicidade.

Comece o processo focando em alguém que você considera próximo e por quem nutre bastante amor. Você enviará mentalmente sua bondade e felicidade a essa pessoa; ao fazer isso, imagine os raios de luz de seu coração irradiando na direção dela e preenchendo-a. Todos os problemas e empecilhos para que sintam a felicidade genuína se dissolverão no ar conforme esses raios forem preenchendo seu corpo.

Em seguida, estenda este desejo para incluir também sua família e seus amigos. Mais uma vez, a luz irradiará de você até eles, preenchendo-os.

Depois, envie o mesmo desejo de felicidade e libertação do sofrimento a meros conhecidos, e então a estranhos. Os raios de luz também chegarão até eles, preenchendo-os com a mesma paz e liberdade.

O passo seguinte, se você se sentir confortável, é fazer o mesmo com pessoas que você considera difíceis. Ao preencher essas pessoas, a luz removerá suas intenções negativas e dissolverá todos os conflitos, como um raio de sol derrete gelo ou neve.

Dedique alguns minutos a cada um dos passos e, ao final da sequência, deseje o mesmo – felicidade total e liberdade do sofrimento – para absolutamente todas as pessoas. Neste estágio, imagine que a luz sai de seu corpo em todas as direções possíveis, enchendo o universo de amor e felicidade.

Conforme se aproximar do final da sessão, pare de visualizar a luz e deixe que sua mente descanse por alguns momentos em um sentimento de bondade, liberdade e felicidade.

O último passo é investir alguns instantes para dedicar mentalmente seu treinamento meditativo à felicidade de todos os seres. Você deverá lembrar que sua motivação mais profunda para meditar é tornar-se capaz de ajudar os outros da forma mais plena possível.

Como de costume, a sessão pode durar dez ou quinze minutos, ou quanto tempo você quiser.

10

PERDÃO

UM DOS MAIORES OBSTÁCULOS PARA A FELICIDADE É o ressentimento. Às vezes, carregamos dentro de nós uma ferida após termos sido magoados; em outras, isso ocorre a partir do desgaste e da irritação diária provocados pelas palavras e ações dos outros. Seja qual for o caso, as pessoas muitas vezes parecem "mexer com a nossa cabeça".

> *O inferno são os outros.*
> JEAN-PAUL SARTRE

Como ator, participei uma vez de uma encenação de *Entre quatro paredes*, famosa peça de Sartre em que as personagens são enviadas ao inferno e lá descobrem que é uma sala de estar requintada e muito confortável com outras duas pessoas. As três passam a peça inteira atormentando a mente das demais. Para mim, participar dessa peça foi uma espécie de inferno particular, porque eu não decorei minhas falas direito e todas as noites me sentia como se estivesse caindo de um avião sem paraquedas. No final, as personagens que haviam se azucrinado ao longo de toda a peça tentam matar umas às outras e descobrem que isso não é possível, pois elas já estão mortas. Depois de rirem com malícia, cabia a mim a seguinte fala: "Ah, tá bom, vamos continuar".

O inferno é mesmo as outras pessoas? Sem dúvidas, ver-se preso em um ciclo de raiva e vingança é um verdadeiro inferno – como queimar em uma fogueira. Só podemos ser felizes de verdade se conseguimos perdoar os outros e nós mesmos. Caso contrário, seremos sempre puxados para baixo por um fardo doloroso.

O medo e a raiva podem nos tornar profundamente infelizes: somos consumidos pela negatividade, que sabota até mesmo o nosso sistema imunológico. Carregar esse ressentimento é como segurar um carvão em brasas: quanto mais apertarmos a mão ao redor dele, mais nos queimaremos. Não seria melhor soltá-lo e ser livre?

O que nos impede de abandonarmos esse fardo de dor? A forma como nos apegamos aos nossos hábitos internos: a poderosa "cola" mental. Conforme avançamos no caminho da meditação, vamos descobrindo como a capacidade de superar as coisas e seguir em frente pode ser libertadora. A prática regular é necessária para nos ajudar a "reduzir" essa mentalidade de apego. Em termos práticos, cada vez que nossa mente se distrai durante a meditação e a redirecionamos suavemente para o nosso apoio (a respiração, por exemplo), trabalhamos nossa habilidade de deixar as coisas fluírem sozinhas.

No capítulo anterior, examinamos a importância de desenvolver a compaixão. O problema é que é fácil sentir compaixão pelos fracos e vulneráveis, mas quando se trata de nossos "inimigos" isso se torna uma verdadeira provação – e no fim é isso que conta. Nossa compaixão só terá se desenvolvido de forma duradoura quando formos capazes de perdoar aqueles que nos magoaram ou simplesmente nos irritam. Antes disso, ela será apenas parcial.

RECONHECENDO A RAIVA

Além de praticar a meditação regularmente para aliviar os laços de nossa mente, podemos seguir uma série de etapas inteligentes em nosso pensamento para nos livrarmos mais rápido do ressentimento. O primeiro passo é se perguntar: quem é o verdadeiro inimigo? É a pessoa "lá fora" ou a nossa *reação* a ela? Em vez de ficarmos presos em nossos dramas eternos de como fulano é terrível e ruminarmos tudo o que ele diz ou faz, podemos examinar o funcionamento de nossa mente. Podemos olhar para a raiva em si. Ao fazermos isso, criaremos uma possibilidade de mudança. Nossos verdadeiros inimigos são a raiva e a dor que carregamos dentro de nós, e são esses os fatores que realmente nos fazem mal.

GRATIDÃO RADICAL

O caminho mais rápido para a iluminação é deixar que as pessoas o insultem.
AKONG TULKU RINPOCHE

O próximo passo é perceber que situações dolorosas podem se tornar mais fáceis com o nosso treinamento de compaixão. Recebemos uma oportunidade para desenvolvermos a capacidade de perdoar, que é uma forma elevada de compaixão. Agora, podemos começar a nos sentir *gratos* pelo assim chamado inimigo. Essa atitude em si é o perdão, pois agora veremos essa pessoa como uma ferramenta para nosso treinamento. Se nos comprometermos verdadeiramente com o desenvolvimento da compaixão, precisaremos de pessoas em nossa vida que coloquem isso à prova. Talvez nossos inimigos sejam nossos melhores amigos.

Em geral, nossos amigos não nos ajudam tanto a desenvolver nossa mente quanto nossos inimigos. As interações entre amigos não costumam nos pôr à prova nem nos fazem treinar nossa mente. Já nossos inimigos são capazes de pôr o dedo na ferida e mostrar que estamos empacados. Geralmente, temos amigos porque gostamos de nos cercar de pessoas que nos deixem à vontade, mas o que nos ajuda a crescer são os fatores desafiadores e perturbadores da vida. Como poderíamos aprender a habilidade transformadora do perdão sem eles?

As coisas que despertam nossa resistência quase sempre são as mesmas que nos tornam mais fortes – como quando vamos à academia e precisamos erguer pesos para fortalecer a musculatura. Como mencionei no Capítulo 6 acerca da construção de hábitos, um bom modo de treinar a resiliência é praticar o *mindfulness* quando estamos de pé em uma fila, presos em um congestionamento ou em qualquer outro momento em que sentirmos tensão e desconforto em nosso corpo. Esse treinamento traz grandes benefícios, pois reprogramamos nossa tendência a repelir as coisas – o hábito de rejeitar o desconforto. De uma perspectiva mais profunda, nosso pior inimigo – assim como os congestionamentos – pode nos ajudar a crescer.

COMPREENDER MAIS A FUNDO

O próximo passo é tentar entender o sofrimento e a confusão que habitam a pessoa que nos machucou. Quando alguém faz ou diz algo que nos magoa, sofremos principalmente porque presumimos que isso aconteceu de forma deliberada, que a pessoa "fez de propósito".

Na vida, costumamos diferenciar as coisas feitas por acidente daquelas feitas de forma deliberada. Se alguém pisa em nosso pé por acidente, não damos muita bola, mas se a pessoa caminha até nós, olha em nossos olhos e desce o pé sobre o nosso, isso é uma declaração de guerra.

Se encararmos as duas situações da mesma perspectiva, veremos as coisas de forma mais verdadeira: em ambos os cenários, nada é "deliberado", pois em nenhum deles a pessoa tem total controle de si. São indivíduos desequilibrados, movidos por impulsos negativos, que agem motivados pelo stress e pela tristeza. Quando alguém se vê capturado pela própria negatividade, acaba fazendo e dizendo coisas que não diria ou faria se estivesse feliz e em estado de equilíbrio. Treinar o perdão envolve compreender a perspectiva real do agressor. O agressor é fruto da própria agressão e tem muita dificuldade para controlar seu estado mental.

Podemos perceber isso se nos analisarmos de forma honesta. Estamos no controle de nós mesmos cem por cento do tempo? Às vezes, quando estamos estressados e infelizes, fazemos e dizemos coisas sem termos a intenção – coisas das quais nos arrependemos mais tarde. Quantas vezes já pensamos ou dissemos: *"Por que* eu fiz/disse isso?"*. Uma pessoa no controle de si não se faz essas perguntas. Quando estamos chateados, *planejamos* estar chateados? Quando estamos irritados, trata-se de uma escolha deliberada?

Quando uma pessoa está repleta de negatividade é como se ela comesse veneno e então vomitasse sem parar. Da mesma forma, quando alguém está irritado ou sofrendo de alguma forma, esse veneno se traduz em palavras e atos muitas vezes incontroláveis. A sensação de estar tomado pela raiva e pela dor é muito semelhante à embriaguez, quando nossas ações muitas vezes resultam em arrependimentos.

Como podemos *saber* o nível de sofrimento que a pessoa está vivenciando? Como podemos saber sua história, sua infância ou mesmo o que aconteceu com ela ontem? Todos esses fatores contribuem para a forma como elas se sentem e se comportam no momento presente. Dizemos o tempo todo: "Ele sabia o que estava fazendo", mas na verdade essa frase é ridícula: como alguém pode saber o que não sabe? Cada um simplesmente é quem é neste momento, sabendo o que sabe. Mais uma vez, existe algum momento em que nós mesmos temos total controle de nossas ações?

Imagine o exemplo de uma mãe cujo bebê está com uma febre muito alta. Enquanto tenta confortar e alimentar o filho, o bebê chuta e grita, mas ela sabe que o filho não está bem e, por isso, sente compaixão em vez de encarar aquilo como uma afronta pessoal e se sentir magoada ou atacada. Ela sabe que o bebê está com febre alta e, portanto, perdeu o controle. Ela o perdoa, seu único desejo é ajudar o rebento. Da mesma forma, é comum que as pessoas percam as rédeas ao serem sufocadas pela confusão e pela negatividade. A confusão age como uma febre alta: ela assume o controle sobre nós. Mesmo assim, é raro percebermos ou reconhecemos esse fato quando os outros nos tratam mal: pensamos apenas que os outros estão "tentando nos ferrar". Às vezes, temos até mesmo a sensação de que eles têm algum tipo de plano para nos destruir.

Mesmo nos casos em que as pessoas parecem *realmente* planejar suas ações, talvez a sangue-frio, ou parecem *gostar* de machucar os outros, o fato é que elas não estão no controle de si: encontram-se sob o poder da imensa negatividade que trazem dentro delas. Aprender a reconhecer esse aspecto da condição humana pode ser incrivelmente libertador, pois o fardo do rancor e da indignação começarão a desaparecer.

Às vezes alguém se comporta de forma insatisfatória conosco – pode ser que falem de forma grosseira com a gente ou com outras pessoas –, e logo depois descobrimos que algo horrível aconteceu a elas recentemente. Nossa raiva se dissipa no mesmo instante, pois entendemos que essa pessoa está infeliz e, por isso, descarrega seu descontentamento no mundo. E não é isso que acontece em todas as situações? Não precisamos esperar pela informação. Podemos presumir que algum fato do passado recente ou longínquo sempre está por trás de uma situação desse tipo. Em vez de culpar as pessoas, devemos culpar suas emoções negativas. Poderíamos sentir raiva da própria raiva, e não do ser humano que ela manipula. Se seguirmos essa linha de pensamento, veremos que a raiva é inútil e ilógica, de modo que jogar o jogo dela serve apenas para perpetuar o ciclo de negatividade.

Será que, ao assumirmos essa postura, não nos tornaremos "capachos" passivos e permitiremos que qualquer um se aproveite de nós enquanto oferecemos a outra face? Não, isso não aconteceria. Mesmo nas situações em que precisamos nos defender, não devemos sair delas cheios de raiva tóxica e de uma mágoa capaz de envenenar nosso interior.

Normalmente, o que nos impede de perdoar é o medo de que, de alguma forma, estejamos sendo condescendentes com as ações dos outros – "deixando as pessoas se safarem" – e, assim, assumindo o papel de vítimas. Talvez vejamos o perdão como uma fraqueza, e não uma qualidade. Mas, na verdade, elas *acabam* "se safando" quando *não* perdoamos, pois nesse caso nossa dor se perpetua. Por outro lado, se treinarmos nossa capacidade de perdoar, as mesmas coisas que nos machucaram se tornarão nossos principais ajudantes na jornada meditativa, tornando-nos mais fortes. Assim, todos vencem.

Liberdade é o que você faz com o que fizeram a você.
JEAN-PAUL SARTRE

CONFLITO MENTAL

Temos uma relação de amor e ódio com nossos pensamentos e emoções. Estamos sempre correndo atrás ou tentando nos livrar deles. Quando estamos meditando e percebemos que nossa mente se distraiu, vemos aquilo como um fracasso e nos atormentamos por causa disso, conforme dito anteriormente. Podemos até passar a odiar nossos pensamentos – sentimos que precisamos abatê-los com alguma arma. Ficamos ali sentados em estado de tensão. Se mantivermos essa atitude, quanto mais meditarmos, mais estressados ficaremos.

Se quisermos desenvolver o perdão verdadeiro, devemos aprender a aceitar qualquer coisa que ocorra em nossa mente. É uma forma profunda de amor incondicional, a chave para perdoarmos aos outros e a nós mesmos. Na meditação, nosso único dever é perceber quando nossa mente se distrai e então voltar nossa atenção para o objeto meditativo, como a respiração. Esse treinamento nos fortalece. Para aprender isso, precisamos ter um lugar *de onde* retornar. Por isso, a mente inquieta acaba sendo uma ajuda. Na meditação, os pensamentos são ajudantes, não inimigos. Essa postura – a aceitação sem julgamentos de nossos pensamentos e emoções para solucionar nosso conflito mental interno – serve de base para desenvolvermos o perdão. Se formos capazes de perdoar nossos pensamentos, podemos perdoar a nós mesmos e aos nossos inimigos.

PERDOAR A NÓS MESMOS

Muitas pessoas sofrem com o hábito do autodesprezo. Pode ser difícil perdoar a nós mesmos, seja por coisas específicas que fizemos ou porque sentimos uma repulsa geral por nossos defeitos. Acredito que alguns elementos da cultura moderna intensificam esse problema. A publicidade nos envia sinais o tempo todo para dizer que não devemos nos contentar com a forma como estamos – devemos nos empenhar para parecermos, sermos e nos sentirmos melhor e para termos mais coisas. A publicidade joga com nossos desejos e inseguranças. Como descrevi antes, em nosso mundo de desejos, criamos o tempo inteiro sentimentos de necessidade material e insatisfação. Também vivemos em tempos nos quais o antigo hábito de bisbilhotar a vida dos outros migrou para o mundo digital e se tornou um fenômeno global e muito viciante. Não é de surpreender que vivamos em uma cultura de insegurança: todo mundo julga todo mundo.

O esforço para sermos perfeitos e a exposição constante a imagens dessa suposta perfeição podem fazer com que nos sintamos muito mal em relação a nós mesmos. Assim, quando cometemos um erro ou reparamos em nossos defeitos, é claro que acabamos escorregando no hábito do autodesprezo. Internalizamos os julgamentos que emanam de todos os lugares.

Algumas pessoas são assombradas pela culpa e pelo autodesprezo. Eu costumava manter um monólogo interno de autocondenação e adotar padrões de comportamento muito autodestrutivos. Tinha muita dificuldade – e até aversão – para aceitar minha companhia. Quando via alguém parecido comigo, eu presumia que devia haver algo de errado com aquela pessoa, pois me parecia impossível gostar de mim. Isso me levou a muitas situações e relacionamentos destrutivos. Quando me tornei monge e participei do primeiro retiro de nove meses, a voz interna e cruel dizendo em minha mente que eu era ruim, um lixo e até mesmo maldoso se intensificou, e muitas vezes eu segurava a cabeça com as mãos, implorando para que ela se calasse. Hoje, percebo que isso era o resultado de uma dose imensa de tensão. Quando estamos estressados, nossos principais hábitos negativos tendem a se acentuar. Eu meditava de forma um tanto impiedosa e mergulhava em sessões de até sete horas, parando apenas quando sentia ter atingido um "resultado bom". Foram tempos tensos e melancólicos. Tudo mudou durante o meu longo retiro de 4 anos, quando aprendi a ter um pouco de compaixão por essa parte minha. Sentia como se uma faca apunhalasse meu coração – era um sentimento de grande angústia. Quando comecei a dar amor e bondade à própria sensação, as coisas mudaram por completo. No final deste capítulo, proporei um exercício relacionado a isso. Para mim, houve um efeito positivo: hoje tenho muito mais facilidade para me perdoar. Já não pego pesado comigo mesmo – na verdade, sou muito gentil. Às vezes, isso até faz com que eu seja um pouco preguiçoso, mas de modo geral essa postura me ajuda a ser uma pessoa muito mais feliz.

Passos para o autoperdão

Podemos aplicar os mesmos três passos descritos anteriormente neste capítulo: reconhecimento, gratidão e compreensão.

Reconhecer significa admitir calmamente os nossos erros e a nossa negatividade. É possível fazer isso sem apelar à culpa. É bom evocar a consciência (descrita no Capítulo 2) de que, no fundo, somos felizes, bons e puros. Nossa negatividade é um tipo de poeira que podemos limpar com a ajuda da meditação.

Ser grato significa apreciar o fato que vimos em nós mesmos algo que pode ser trabalhado e, portanto, temos uma oportunidade. Assim que percebemos que nossos problemas fornecem uma chance de treinarmos nossa resiliência, podemos adotar uma postura de gratidão em relação a eles.

Compreender significa simplesmente ver nossos defeitos como parte da condição humana. Não há nada de errado conosco, apenas temos uma mente que ainda não foi treinada e, portanto, estamos suscetíveis a cometer erros. Se conseguirmos ver a nós mesmos como um "trabalho em andamento", será mais fácil nos perdoar.

Essas três formas de pensar precisam ser combinadas à prática regular de meditação para evitar que entremos em conflito com nossa mente ou que nos deixemos controlar por nossos hábitos.

Também é útil lembrar que tudo muda: nada é fixo, sólido ou imutável. Os problemas que porventura estejamos enfrentando agora um dia se tornarão memórias, e nós melhoraremos conforme formos avançando em nossa prática meditativa. Temos o hábito de esquecer a impermanência, e por isso é comum acharmos que estamos condenados para sempre quando algo dá errado.

PERDOAR OS DESAFIOS DA VIDA

Até aqui, exploramos o perdão aos outros e a nós mesmos. Também podemos aprender a ter paciência com acontecimentos difíceis. Mudar de postura frente aos desafios da vida é uma forma poderosa de perdão. A chave para isso é usar o *mindfulness* para nos manter totalmente presentes, mesmo nas experiências desagradáveis, e aprender a não julgar.

Mais cedo, contei a história de quando eu estava em pé no metrô quente e lotado de Londres. Consegui praticar o *mindfulness* ao aceitar de peito aberto aquele momento presente. Tudo mudou quando parei de lutar com a situação e comecei a utilizá-la em minha prática. Foquei nas sensações físicas, sem tentar me livrar delas; isso desviou minha atenção dos pensamentos negativos, que vão embora por conta própria quando paramos de alimentá--los. Se conseguirmos nos manter totalmente presentes, mesmo no desconforto, descobriremos uma aceitação profunda e a alegria que surge quando eliminamos nossas resistências e experimentamos a sensação de liberdade.

É comum nos envolvermos em discussões com a realidade e desejarmos um momento diferente. No entanto, mesmo se estivermos doentes ou com dor, podemos aprender a remover esse filtro da resistência e superar pensamentos distrativos como "Não gosto disso" para focar diretamente no que está acontecendo agora. Em outras palavras, trata-se de abraçar o momento sem julgar. Essa é a receita para viver uma vida sem filtros. Não quer dizer que jamais tomaremos remédios ou que deixaremos de buscar maneiras para melhorar as coisas: apenas aceitaremos alegremente o que não pode ser mudado. Se entendermos que o agora é bonito da forma como é, seja ela qual for, vamos optar pela verdadeira felicidade.

Lembro de uma vez que estava caminhando com meu professor Akong Rinpoche em Londres. Estávamos visitando a filial de nosso monastério na cidade, de folga das aulas. Percorremos um bom trecho da margem sul do Tâmisa. Era um dia de sol excepcionalmente bonito e, ao caminhar sob o sol lado a lado com minha pessoa favorita, eu me sentia no paraíso. Quando ficávamos a sós, costumávamos fazer companhia um ao outro e agir de forma casual, sem qualquer formalidade. Eu me virei para Rinpoche e disse: "Que dia lindo, né?". No instante em que terminei de proferir essas palavras, entramos em um túnel repleto de pichações e com cheiro de urina. Acho até que havia uma poça de vômito no chão. Era um lugar asqueroso. Rinpoche apenas disse: "Para mim, tudo é bonito". Acredito que, para uma mente despida de hábitos de medo ou resistência, *tudo* deve parecer e ser ótimo. *Essa* é a verdadeira felicidade, e uma pessoa assim é invencível.

✳ ✳ ✳ ✳ ✳ ✳ ✳ ✳ ✳

EXERCÍCIOS DE MEDITAÇÃO

É mais fácil começar o treinamento perdoando os desafios da vida. Essa é a base para sermos capazes de perdoar as pessoas.

1. Resiliência

Sente-se em um local silencioso e adote a postura formal de meditação, conforme explicado anteriormente (ver página 71).

Dedique um momento a gerar o desejo de desenvolver uma compaixão mais forte por si mesmo e para os outros. Você deve dedicar sua jornada meditativa a essa meta.

Tome consciência de seu corpo, sinta o contato com a cadeira e, então, o chão sob seus pés por alguns instantes.

Em seguida, confira se você sente algum desconforto em seu corpo. Ou quem sabe haja algum sentimento ou humor específico em sua mente. Busque identificar em que parte do seu corpo essa emoção ressoa. Talvez seja uma sensação no peito ou na parte inferior do abdômen.

Agora que já localizou o desconforto ou o sentimento de sua emoção, foque nessa sensação com uma forma amorosa de consciência. Isso significa que você está presente e aceita aquilo em que está focando de forma integral e com acolhimento amoroso. Tente aceitar completamente essa sensação, abraçando-a mentalmente. Dedique sua atenção mais profundamente *àquele* ponto de tensão, como se estivesse se "unindo" a ele. Assim, você inundará o ponto de compaixão.

Faça isso durante a maior parte da sessão. Claro, sua mente irá se distrair; quando perceber que se perdeu em pensamentos ou com outras distrações, leve-a de volta à sensação focal e ao sentimento de aceitação.

Se em qualquer momento durante a sessão você sentir que o fardo é grande demais para você, não force. Recue por alguns instantes, foque em seu corpo como um todo ou em sua respiração (sem tentar respirar fundo ou de qualquer forma específica).

Quando estiver pronto para encerrar a sessão, dedique mentalmente sua prática meditativa à felicidade de todos os seres por alguns instantes.

A sessão pode durar dez ou quinze minutos, ou você pode praticar pelo tempo que quiser.

2. Perdoar os outros

Sente-se com uma boa postura, como de costume. Comece a sessão estabelecendo a intenção compassiva de meditar em benefício próprio e dos outros.

Passe alguns instantes se aferrando ao momento presente. Você pode usar o corpo como foco, sentindo o contato com a cadeira e o chão.

Traga para a mente alguma relação difícil ou alguém por quem você nutre maus sentimentos. Pense na pessoa e permita-se sentir qualquer coisa que vier à tona.

Como explicado anteriormente, os três passos para o perdão são o reconhecimento, a gratidão e a compreensão.

Reconhecimento *Reconheça que sua raiva, dor ou irritação é o verdadeiro inimigo. São esses sentimentos que fazem com que você sofra neste exato momento. Não condene esses sentimentos. O objetivo desta parte do exercício é ver que o inimigo está dentro de nós e que a forma como você lida com suas emoções pode mudar.*

Gratidão *Reflita sobre o fato de que a pessoa que magoou você ou de quem você não gosta está lhe dando uma oportunidade de aprender a perdoar. Elas são catalisadoras de sua jornada. Você bem que poderia se sentir grato a elas. Pensar assim ajuda a reformatar a situação, transformando algo doloroso em algo útil.*

Compreensão *Pense no sofrimento ou na confusão da outra pessoa e no modo como a negatividade a controla de dentro para fora, levando-a a fazer ou dizer coisas que causam problemas.*

Para levar essa compreensão a um nível mais profundo, passe alguns minutos imaginando que você é essa pessoa. Coloque-se em sua pele, viva a vida dela. Tente habitar sua mente e realidade para constatar como deve ser difícil ser guiado por tanta confusão e negatividade. Passe algum tempo sentado, respirando como essa pessoa, imaginando como ela se sente.

Este exercício pode nos ajudar a começar a perdoar, pois sentiremos a experiência como imaginamos que seja da perspectiva *do outro* e nos afastaremos de uma perspectiva unívoca.

Se em qualquer momento deste exercício você se sentir incomodado ou perturbado, não se force a continuar. Descanse e volte o foco para o corpo, quem sabe utilizando a primeira prática deste capítulo (o exercício de "resiliência").

Quando sua sessão terminar (geralmente após dez ou quinze minutos), concentre-se em seu corpo por alguns momentos. Tome consciência de si mesmo sentado com boa postura e sinta o chão sob seus pés.

Termine a sessão dedicando seu estudo de meditação à felicidade de todos os seres e cultivando um desejo profundo de que todos possamos perdoar uns aos outros e nos livrarmos da dor e do ressentimento.

11

▲ ▲ ▲ ▲ ▲ ▲ ▲ ▲ ▲ ▲ ▲

ENERGIZE SUA PRÁTICA

O MONASTÉRIO KAGYU SAMYE LING, NA ESCÓCIA, É UM local de incrível beleza. Quando cheguei lá, a primeira coisa que me chamou a atenção foi o volume do rio que passa nos fundos de seus jardins, bem como as árvores e o espaço amplo. Eu vinha do ambiente frenético de Nova York (conhecida como "a cidade que nunca dorme", e não há dúvidas de que ela vibra com uma energia pulsante), mas cheguei à Escócia para me energizar de uma forma completamente distinta.

Escondido nas agradáveis colinas de Scottish Borders, o complexo monástico de Samye Ling foi projetado conforme o estilo tradicional tibetano e é rodeado por uma natureza exuberante. Minha parte favorita dos jardins é o lago com uma pequena ilha, que pode ser acessado por uma ponte de madeira em arco. Dá para se sentar em um banco ali e observar os patos. A sensação de calma no ar é palpável. Pessoas do mundo todo vão até Samye Ling para encontrar um local de paz e inspiração, e muitos buscam se instruir na prática da meditação – costumamos ter bastantes visitantes participando dos cursos. Sair da cidade e ir até um local calmo, com ar limpo e um ambiente puro, e encontrar uma nova motivação através do estudo da mente pode ser uma experiência enriquecedora.

Hoje em dia passo a maior parte do tempo dando aulas fora do monastério, e isso me leva a visitar muitas partes do mundo. Dou aulas de meditação em ambientes distintos: passo um bom tempo em cidades movimentadas como Londres, não raro carregando apenas o que cabe em minha mala de mão. Sob a orientação de meu abade, também cuido de alguns centros de meditação no Reino Unido (filiais do monastério) e trabalho para abrir novos. Alguns desses centros ficam no meio das cidades, onde criamos locais tranquilos e abertos a todos, independentemente de crença religiosa. As pessoas vão até lá para aprender práticas meditativas com base na compaixão, e também disponibilizamos espaços de terapias complementares e yoga.

Devido ao meu trabalho nos centros de meditação, acabei me envolvendo com a reforma de prédios antigos, e para tanto precisei aprender mais sobre captação de fundos e projetos de construção. Sempre acreditei que nada jamais deveria ser um obstáculo para o nosso desejo de ajudar os outros, e esses projetos começaram do zero. Foi preciso muito esforço para transformá-los em realidade, mas hoje eles são prósperos e ajudam muitas pessoas – assim espero.

Minha agenda é muito cheia e isso me cansa, mas percebo que meditar regularmente me traz energia. Além disso, explorar aqueles pequenos momentos de *mindfulness* diversas vezes ao dia me propicia um equilíbrio e uma vitalidade incríveis. Eu jamais sonharia em passar um único dia sem meditar: para mim, é tão importante quanto comer. Reconheço que a disciplina monástica torna as coisas mais fáceis para mim, mas estou disposto a ajudar todos – com suas vidas movimentadas – a aprender como estabelecer uma rotina de prática diária. A vida muda de verdade quando você descobre como fazer isso.

PERDENDO E ENCONTRANDO A MOTIVAÇÃO

Existe uma velha piada segundo a qual os adeptos de meditação passam metade do tempo meditando e a outra se sentindo culpados por não meditar. Muitas pessoas têm dificuldade para manter a prática diária de maneira consistente, e se sentem mal porque acham que "deveriam" estar meditando, pois sabem que isso é bom para elas. Elas têm consciência de que a chave para a felicidade e a liberdade está em suas mãos, mas ainda assim olham em outra direção. Essa sensação de fracasso pode acabar gerando uma espiral de negatividade, fazendo com que seja mais difícil retomar a prática regular.

Quando nossa vida se impõe, a prática fica comprometida. Ficamos muito ocupados, e a meditação se torna apenas outro item em nossa lista de deveres. Todos sabemos que devemos comer comida saudável e praticar exercícios. Nos esforçamos muito para sermos bons e, quando nos damos conta, nossos planos caem por terra e devoramos um pacote inteiro de bolacha. Nem sempre cuidamos bem de nós mesmos, o que pode ser uma forma de autodesprezo: talvez sintamos que não merecemos aquilo e, sendo assim, por que se preocupar? Mas podemos transformar esse problema.

Perdemos a energia necessária para a prática meditativa sobretudo de três maneiras, e para cada uma delas existem soluções eficazes.

1. Falta de confiança
2. Procrastinação
3. Estar muito ocupado

1. Falta de confiança

É o hábito de acharmos que não temos os recursos necessários para sermos bem-sucedidos, e por isso é melhor nem tentar. Nos sentimos inseguros quanto à nossa capacidade de meditar. Achamos que é difícil demais para nós. Essa postura nos impede de viver nosso pleno potencial, com isso, nos tornamos uma sombra de quem poderíamos ser.

Para remediar essa falta de confiança, podemos treinar formas de pensar no imenso potencial que todo ser humano possui e, assim, energizar nossa mente. Todos temos uma capacidade imensa que nada tem a ver com formação ou classe social. Simplesmente somos assim: uma pessoa é capaz de aprender os passos necessários para alcançar metas de longo prazo e de colocá-los em prática. Essa capacidade humana nos coloca em uma posição muito privilegiada neste planeta: podemos ter um impacto significativo em nosso entorno, positivo ou negativo, e podemos praticar a compaixão para beneficiar os outros de forma genuína, dedicando assim nossa vida a algo muito positivo. Pensar nisso pode nos inspirar a ver que, na realidade, temos todo o necessário para o sucesso.

Há um segundo tipo de potencial, mais profundo, que todos possuímos, e também podemos refletir sobre ele. Todos temos a capacidade de transformar nossa mente e, em nosso âmago, somos programados para a felicidade, conforme explicado no Capítulo 2. Uma parte de nós sabe disso: sempre que nos sentamos para meditar, estamos, na verdade, reconhecendo esse potencial. Por que alguém iria querer fazer algo, se não porque sabe que temos dentro de nós o necessário para atingir bons resultados?

Pensar com frequência nesses dois fatores (capacidade humana e nosso potencial profundo de transformação) pode nos ajudar a cultivar a verdadeira confiança.

2. Procrastinação

O segundo obstáculo para a nossa prática é o hábito de procrastinar, de deixar as coisas para mais tarde: "Amanhã eu começo a meditar". O amanhã se torna um hábito e nunca chega, pois continuamos postergando. A solução para isso é pensar mais a fundo sobre a impermanência.

Tendemos a desperdiçar nosso tempo porque achamos que temos bastante. Não nos damos conta de como ele passa. É engraçado como pessoas de meia-idade ainda conseguem pensar como um jovem de 20 anos: "O que eu vou fazer quando crescer?". Sentimos que sempre nos resta a mesma quantidade de tempo que tínhamos no início da vida adulta.

Podemos nos iludir muito com a natureza da realidade. Do ponto de vista intelectual, sabemos que tudo muda, que o tempo é curto e que a vida não dura para sempre. Mas temos a tendência de deixar essa informação de lado e viver como se fôssemos imortais. As pessoas dizem "se eu morrer" como se houvesse outra opção. Às vezes, um acontecimento como uma doença séria ou uma grande perda escancara como nosso tempo é precioso. No entanto, também podemos perceber isso pensando com maior clareza.

Se refletirmos a fundo sobre como nada é permanente, podemos nos conectar melhor à realidade das coisas. Isso nos ajudará a apreciar mais nosso tempo. Pode parecer que esse tipo de pensamento trará desespero e desesperança, mas não se antes compreendermos que o potencial do ser humano é ilimitado e a meditação e a transformação mental são poderosíssimos. Refletir sobre a impermanência a partir dessa perspectiva nos incitará a praticar a meditação com maior diligência.

3. Estar muito ocupado

Também nos afastamos da meditação quando nossa vida está tão ocupada que já não temos nenhum tempo ou espaço livre. Esse é o obstáculo mais comum na sociedade moderna: a preguiça gerada pela ocupação. Vivemos em uma era na qual estar sobrecarregado se tornou a regra, e tendemos a correr para preencher cada momento disponível com alguma atividade. Mesmo quando estamos deitados na cama, abrimos um notebook no colo ou passamos horas assistindo à TV.

É claro que as pessoas precisam trabalhar e cuidar de seus amigos e suas famílias, mas todas as outras coisas que fazemos em nome do ócio parecem nos deixar com pouco ou nenhum tempo e energia para meditar. Quando querem relaxar, as pessoas tendem a se enfiar em um ambiente escuro (boates), bater perna enquanto fazem compras, escalar montanhas ou se esparramar pelo sofá com a mente em um estado de quase exaustão. Achamos que estamos relaxando, mas será que estamos *mesmo*?

Talvez estejamos nos contentando com pequenas doses de relaxamento que dependem totalmente de condições específicas. A meditação, por outro lado, propicia uma paz mais profunda e duradoura se comparada aos picos de dopamina, que só servem para aumentar nossa vontade de mais dopamina.

A solução para esse terceiro obstáculo é pensar na vida a partir de outra perspectiva. Poderíamos examinar o que fazemos com nosso tempo e o que estamos tentando conquistar. Podemos questionar nossa postura em relação à felicidade – como ela é e de onde vem? Se a felicidade é uma experiência mental, será que dedicar algum tempo a treinar a mente não seria nosso melhor investimento?

FAZER AS PERGUNTAS CERTAS

Uma boa forma de nos mantermos motivados é pensar rotineiramente na importância da meditação. Isso nos ajudará a entender seus benefícios e nos deixará mais inclinados a praticá-la de forma espontânea. Podemos fazer isso realizando uma série de perguntas. Além de ajudar a aumentar nossa motivação, esse procedimento pode ser um bote salva-vidas caso a nossa prática tenha naufragado e precisemos ressuscitá-la.

A primeira questão a ser explorada é: *Por que eu faço as coisas que faço? O que eu realmente quero conquistar?*

Nosso maior objetivo na vida é atingir a felicidade estável e duradoura e evitar o sofrimento. Essa é a meta por trás de tudo o que fazemos. Mesmo as pessoas que parecem curtir a tristeza estão envolvidas em uma busca transviada pela felicidade. As pessoas têm estilos de vida diferentes, mas as motivações subjacentes são idênticas. O monge e o CEO buscam a mesma coisa: felicidade e liberdade. Eles apenas têm formas distintas de empreender essa busca.

A segunda questão é: *O que estou fazendo para alcançar isso?*

O que estamos *fazendo* para alcançar a felicidade e evitar desconfortos? É uma boa ideia examinar nossas atividades. Observar a nós mesmos ao longo de um dia para ver o que fazemos e perceber que tudo provém dessa busca pela felicidade é uma forma poderosa de praticar o *mindfulness*.

A terceira questão é: *Está dando certo?*

Uma resposta honesta seria: "Sim, às vezes, mas parece que nunca dura muito". Sempre sentimos que precisamos de outra coisa, ou existe algo à espreita na próxima esquina pronto para saltar sobre nós e roubar tudo o que temos. A vida nunca parece muito estável ou segura.

A quarta questão é: *Quais são as* verdadeiras *causas da felicidade e do sofrimento?*

Não são as coisas, são os nossos *pensamentos* sobre as coisas. No fim das contas, as "coisas" não têm uma existência autônoma. Vivemos uma experiência mental da realidade, e as coisas que experimentamos não são externas nem dissociadas da consciência que temos delas.

É tudo uma questão de percepção. Imagine que você está de pé ao lado de um lago: você vê a água e, obviamente, chama aquilo de lago. Mas será que é mesmo um lago? E se você fosse um peixe dentro da água? Um peixe que nadasse por aquelas águas perceberia o lago como o ar que ele respira, e na realidade esse peixe não tem nenhum conceito de nada fora daquele ambiente – aquele é o seu universo inteiro. Quem está "certo"? E se o peixe e o humano pudessem bater um papo? O humano diria: "É um lago", e o peixe diria "Não, otário, é o *mundo inteiro*". Será que não estamos vivendo apenas em nossa percepção da realidade, de acordo com nosso condicionamento mental?

Se encararmos tudo como uma projeção da mente, seremos capazes de adotar uma nova postura em relação à felicidade e ao sofrimento. As coisas não são mais do que percepções de nossa mente.

Tudo o que vivenciamos é filtrado por nosso condicionamento mental. Em uma sauna, por exemplo, pagamos pelo mesmo calor intenso que nos parece opressivo quando estamos na rua em um dia muito quente de verão. Talvez tenhamos que ir ao trabalho todos os dias, no mesmo escritório, com as mesmas pessoas. Há dias em que isso é o paraíso, e em outros é o inferno. Em um relacionamento, a mesma pessoa pode nos parecer diferente a cada dia – às vezes nós a amamos, em outras a odiamos.

É tudo uma questão de atitude mental; não há nada *lá fora* que nos faça felizes ou infelizes. Se fosse assim, a felicidade e o sofrimento poderiam ser encontrados na tessitura dos objetos físicos, e todos os que entrassem em contato com esses objetos teriam reações idênticas.

Pensar assim pode ser uma grande motivação para treinarmos nossa mente, pois veremos que ela é a fonte da felicidade.

A questão final é: *E a meditação? Como* ela *resolve tudo isso?*
Se tudo depende de nossa mente, o treinamento da mente deve ser uma grande prioridade em nossa vida. A meditação nos trará aquilo que queríamos desde o início: felicidade.

Se reservarmos um tempo para examinar essas questões com regularidade, analisando as respostas que surgem em nossa mente e as nossas atitudes, as próprias questões acabarão nos colocando contra a parede de forma engenhosa até percebemos que não temos para onde ir, senão de volta à poltrona para meditar. Começaremos a perceber que a meditação não é uma opção, mas uma necessidade.

ENTUSIASMO ALEGRE

A diligência contínua é um produto da inteligência e da alegria, e não de um sentimento de dever. Se orientarmos nossa prática a partir do que "deveríamos" fazer será muito mais difícil seguir em frente.

Acredito que muitas pessoas, especialmente no Ocidente, estabelecem uma postura um tanto lúgubre em relação a qualquer tema religioso ou espiritual e se deixam guiar pela culpa e pelo dever. Muito embora a prática da meditação não seja um exercício religioso, ela pode se conectar às mesmas partes de nosso ser que são influenciadas pelas religiões e, portanto, instigar uma postura semelhante.

Já vi pessoas entrando em templos e igrejas como se estivessem pisando em um tribunal para serem julgadas por sua conduta criminosa. Gargalhar dentro de uma igreja é algo que nem passa por nossa cabeça. Mas por que não? Na verdade, tendemos a nos manter sérios e falar aos sussurros, sempre em um tom de voz envergonhado.

Algumas pessoas, ao lidarem com qualquer assunto vagamente espiritual, sentem-se mal consigo mesmas, como se houvesse algo de errado com elas e fosse seu dever limpar ou consertar isso. O interessante é que a língua tibetana não tem uma palavra para "culpa": os tibetanos, pertencentes a uma cultura budista, crescem com a ideia de bondade – e não pecado – original. Quando os lamas tibetanos começaram a visitar o Ocidente nos anos 1960 para ensinar o budismo, ficaram muito espantados com os altos níveis de culpa e autodepreciação que encontraram. Na concepção budista, a mente é naturalmente pura; nossa negatividade e nossa confusão são como uma camada de poeira que se deposita sobre um espelho. Essa forma de pensar leva a uma postura muito diferente em relação à prática espiritual: os praticantes não partem da noção de que há algo errado com eles que deve ser consertado.

Atribuo a essa diferença de visão o fato de que senti uma atmosfera mais alegre e vicejante quando visitei ambientes espirituais no Oriente. A meditação é um treinamento para a mente que possui papel central em muitas tradições orientais; ela em si não é religiosa, mas, devido ao nosso hábito de criar associações, sinto que nós ocidentais costumamos encará-la sem alegria.

A diligência contínua que energiza a mente só pode nascer a partir de um entusiasmo alegre. Se praticarmos como se arrastássemos melancolicamente um saco de pedras ladeira acima, nossa diligência não durará. Em vez disso, podemos lembrar que a meditação nos conecta à nossa essência, à felicidade pura, e o ato de nos voltarmos para dentro trará aquilo que mais queremos – a felicidade que buscávamos no mundo externo.

A palavra diligência vem do latim *diligere*, que significa "tirar prazer de". Se soubermos encarar nossa prática como uma oportunidade e não um dever, a diligência surgirá na forma de uma energia alegre, e não de um fardo pesado.

ATITUDE

Nossa atitude em relação às sessões de meditação pode ter um papel determinante na hora de encontrarmos a energia necessária para seguir em frente. Temos dificuldade para meditar quando a jornada parece longa demais e não sabemos por onde começar.

Se você quer atravessar uma montanha à noite,
não precisa iluminar a montanha inteira.
Uma tocha mostrará sua trilha um metro à frente:
ela ilumina apenas os próximos passos.
Segure bem a tocha para que ela resplandeça pelo caminho
à sua frente.
PROVÉRBIO BUDISTA

Ler este livro pode parecer o mesmo que encarar uma montanha: apresentei muitas ideias diferentes, e talvez pareça informação demais. Não quero causar indigestão! Você pode retomá-lo mais tarde e ler os capítulos separadamente, refletir sobre cada um deles e absorver poucos trechos por vez. Não ache que é preciso entender tudo no primeiro dia para meditar de forma correta.

Essa abordagem também pode envolver a prática de breves sessões de meditação. Assim, é mais provável que você consiga praticar todos os dias de modo consistente. Se você pensar: "Ah, não, preciso meditar durante uma hora", pode sentir vontade de sair correndo para as montanhas aos berros. Mas você dá conta de cinco ou dez minutos diários. Depois, você pode se aprofundar a partir disso.

Pode ser que às vezes você sinta vontade de experimentar sessões mais longas, até mesmo de uma hora, mas essa hora (ou qualquer período que você escolher) pode ser dividida em segmentos mais breves, em que você focará em sua respiração com grande precisão durante dois ou três minutos, por exemplo. Você pode intercalar isso com descansos da mesma duração. Nesse descanso, você não deve se levantar nem ficar zanzando por aí – deixe que sua mente faça o que ela bem entender durante o "intervalo". Então você pode mergulhar em outro período de dois ou três minutos de foco intencional, concentrando-se com força, mas sem tensão. Alternar dessa forma ao longo da sessão pode ajudar muito; caso contrário, meditar acaba sendo como obrigar uma criança hiperativa a permanecer sentada. Para que nossa mente não se rebele, devemos pegar leve com ela enquanto ainda não formos experientes.

Outra coisa que você pode tentar se tiver dificuldades para manter a motivação é trabalhar com maior ênfase na consolidação do hábito de buscar "microinstantes" de consciência muitas vezes ao dia, praticando o *mindfulness* em sua vida diária (ver página 87). Quando sofremos com esse tipo de resistência, os microinstantes lhe permitem meditar sem nem perceber que está fazendo isso. A meditação deixa de ser um problema para se tornar algo corriqueiro. Talvez você logo comece a sentir seus benefícios e queira dar um passo adiante. Os momentos de *mindfulness* reduzem os níveis de cortisol e você começa a se sentir melhor. Ninguém gosta de passar um dia inteiro estressado, e por isso o *mindfulness* é uma grande fonte de alívio. Talvez isso inspire você a praticar mais sessões de meditação formal. Afinal, existem muitas formas de entrar em uma casa: se você estiver sem acesso à porta da frente, o melhor é pular a janela. É mais ou menos essa a lógica por trás dessa abordagem.

Muitas pessoas têm dificuldade de meditar regularmente porque tentam silenciar sua mente durante a prática. Como expliquei antes, essa é uma abordagem equivocada que torna o processo muito penoso. É como enfiar a mente em uma caixinha, algo semelhante a não conseguir respirar. É fácil entender por que isso cria uma resistência à meditação. É importante pensar na meditação não como uma restrição, mas como um método para dar total liberdade à mente – o que nós sem dúvida *gostaríamos* de fazer.

A ânsia por resultados também pode nos desmotivar. Não existe um "pico" de meditação como acontece, por exemplo, ao bebermos uma xícara de café. Por isso, nosso vício por um "barato" pode reduzir nossa vontade de meditar. A ênfase em estímulos sensoriais que permeia nossa cultura moderna também agrava esse problema, conforme descrito anteriormente. É importante encararmos o caminho da meditação como o que ele é, um caminho, sem a expectativa de "sentirmos" algo a partir dele. Também é fundamental evitar a impaciência por resultados. Pessoas que se exercitam e sobem na balança o tempo todo para se pesar, ou estão sempre na frente do espelho na esperança de encontrar alguma mudança, sempre acabam se decepcionando. É mais vantajoso seguir em frente com uma boa dose de paciência.

Meditar quando estamos nos sentindo mal, infelizes ou exaustos também é muito benéfico, como eu disse antes. Em situações assim, as pessoas costumam pensar: "Vou meditar quando estiver melhor para que a sessão não seja ruim". Mas pensar assim é uma armadilha, pois significa dizer que a nossa prática deve provocar uma sensação específica. Isso é um grande obstáculo para mantermos a diligência. Talvez seja melhor encarar a meditação da mesma forma que você trataria um amigo. Se temos um bom amigo, não nos parece certo dizer: "Desculpa, mas não estou com o humor certo para te encontrar agora". A amizade incondicional significa estar sempre ao lado do outro, independentemente de qualquer coisa. Os aspectos centrais da meditação são a consciência e o estar presente sem julgar. Se estamos doentes, estamos doentes. Se estamos cansados, estamos cansados. Basta termos consciência disso.

SONO

Quando dou aulas de meditação, não demora para que muitas pessoas na sala comecem a roncar. Não fico nem um pouco ofendido, pois sei que os novatos da meditação, ou aqueles que costumavam meditar, mas não mantêm mais a prática diária, costumam sentir muito sono nas primeiras sessões. Ao se sentarem para meditar, eles são logo tomados por uma poderosa sensação de letargia. Isso pode levar algumas pessoas a questionar se a meditação pode mesmo ajudá-las em sua vida profissional; afinal, para elas a prática parece capaz de nos levar a nocaute. Isso muda quando passamos a meditar com regularidade. A sonolência ocorre porque nosso corpo está acostumado a se manter ocupado – mesmo quando estamos sentados, a tendência é que estejamos fazendo algo. Sentar-se sem fazer *nada* é uma experiência nova, que o corpo costuma associar ao sono, e por isso começamos a "pescar". É como deixar um computador parado – ele entra no modo de economia de energia. Quando estabelecemos uma rotina diária de meditação, as coisas mudam, pois o corpo aprende a associar a posição ao treinamento de consciência. Em meu caso, a meditação aguça meu foco e faz com que me sinta renovado – não é como pegar no sono ou entrar em transe. Por isso, a solução é persistir; o hábito da sonolência acabará mudando.

Dito isso, muitas pessoas acham que meditar antes de ir para a cama pode combater a insônia. Ouço muitos relatos de dificuldade para dormir de novatos que não conseguem acalmar os pensamentos ou acordam de sobressalto no meio da noite e têm dificuldade para voltar a dormir. Costumo recomendar que, ao se deitar, elas pratiquem o exercício de "corpo consciente" do Capítulo 5 (ver página 77). Talvez isso não as leve a pegar no sono imediatamente, mas muitas pessoas acham que essa prática, se transformada em hábito, pode ajudar a aliviar a insônia. Em muitos sentidos, isso é semelhante à ideia de "contar carneirinhos", que consiste simplesmente em romper o ciclo de pensamentos de nossa mente para focar em algo simples e relaxante. A prática do *mindfulness* utilizando o corpo como âncora nos leva a focar em sensações físicas, sentir o peso do corpo contra a cama vasculhando diferentes partes dele. Isso nos afasta de nossos pensamentos e nos ajuda a abraçar a calma do momento presente.

Se você sentir sonolência durante uma sessão meditativa diurna, pode ser uma boa ideia assumir uma postura ainda mais ereta, elevar um pouco o corpo do assento, e olhar para cima na direção do teto, mas sem inclinar a cabeça para trás. Isso pode renovar sua energia e acordá-lo. Também é bom evitar cômodos muito quentes e atulhados, dando preferência a locais com correntes de ar. Meditar após uma refeição pesada não é uma boa ideia, pois costumamos ficar letárgicos nesses casos. No retiro de 4 anos, acordávamos muito cedo pela manhã e realizávamos diversas sessões longas durante o dia, algumas com até três horas de duração. Lembro de sentir um sono incrível e lutar desesperadamente para me manter acordado, mas com o tempo aprendi a relaxar de forma muito profunda e a não *lutar* contra o cansaço. A sensação de *tentar* ficar acordado é, na verdade, uma forma de tensão. Se você conseguir relaxar a fundo no *estado* de seu cansaço enquanto mantém um foco de consciência, sentirá como se estivesse atravessando um longo túnel escuro de exaustão e saindo renovado do outro. Nossa consciência jamais se cansa.

EXCESSO DE ENERGIA

Às vezes, podemos começar a meditar de forma oposta, ou seja, sentindo-nos muito agitados. Sentimos a mente muito ocupada, como se estivesse correndo de um lado para outro, e acabamos muito inquietos. Queremos levantar de um salto e fazer outras coisas, e parecemos lutar contra os nossos pensamentos. O importante aqui é lembrar que não há nada de errado com os pensamentos; o objetivo da meditação não é limpar a mente. Não há por que empurrar esses pensamentos para longe. Na verdade, devemos nos ater a retornar ao foco meditativo quando percebermos que nos distraímos. É importante manter a paciência e não tentar "corrigir" a mente inquieta. Uma sessão cheia de pensamentos não significa uma sessão "ruim". Se a situação for frequente, pode ser bom meditar *após* uma refeição com comida quente e nutritiva, ou até mesmo sentar-se em um cômodo um pouco mais quente do que de costume. Você também pode relaxar um pouco a postura, sentando-se de forma menos rígida sem se encurvar. Olhe para baixo, mas sem inclinar a cabeça para a frente.

O principal, contudo, é ter paciência e não encarar a mente ocupada como um inimigo. O que conta mesmo é a consciência, não importa o que sua mente esteja fazendo. Nem a letargia, nem a agitação podem afetar a consciência, que é como o céu sobre as nuvens.

COMPAIXÃO

Como vimos no Capítulo 9, outro fator que incrementará nossa prática é a compaixão. Se estabelecermos que estamos meditando em benefício dos outros, a inspiração e a vontade de nos esforçarmos tendem a crescer.

Se meditarmos apenas por nós mesmos, podemos pensar: "Por que se dar ao trabalho?". Muitas vezes, é assim que as pessoas escorregam em suas dietas ou seus programas de exercícios – elas começam a pensar: "Não tem problema, vou me alimentar mal e lidar com as consequências, não ligo muito". Por outro lado, se fizermos as coisas pensando nos outros, podemos nos sentir mais motivados. Se você está preparando uma refeição para comer sozinho, talvez jogue algumas sobras no micro-ondas e pronto. Se tiver convidados para jantar, contudo, terá vontade de preparar algo muito bom. Fazer as coisas pelos outros pode servir de inspiração para que sejamos mais diligentes.

Em termos de prática meditativa, você pode imaginar que está dedicando sua prática ao desenvolvimento da compaixão e à capacidade de ajudar não só a si mesmo, mas também aos outros. Isso atribui um significado muito mais profundo para todo o processo. Talvez você comece a sentir que a sua prática é importante e deseje se sair bem como forma de presentear os outros.

▲ ▲ ▲ ▲ ▲ ▲ ▲ ▲ ▲ ▲ ▲

EXERCÍCIOS DE MEDITAÇÃO

1. As quatro formas de mudar sua mente

O uso regular dos seguintes exercícios ajudará a energizar sua prática, mantendo-o motivado.

Este exercício emprega o método da contemplação ou "meditação analítica", que consiste em pensar a fundo sobre um assunto para ter ideias.

O método inclui quatro etapas, mas você não precisa executar todas elas em uma única sessão. Na realidade, é melhor dedicar uma sessão inteira a cada uma. É bom praticá-las na ordem em que são apresentadas aqui, pois isso aprimorará sua compreensão de forma mais proveitosa.

Sente-se na boa postura de costume (ver página 71). Durante as práticas analíticas, não há problema em fechar os olhos se você quiser.

Estabeleça a intenção de compaixão, afirmando que você irá meditar para benefício próprio e dos outros. Dedique seu treinamento meditativo à felicidade de todos.

Então, passe alguns momentos tomando consciência de seu corpo – observe o contato com a cadeira e sinta seus pés apoiados no chão. Em seguida, comece o exercício contemplativo:

Confiança *Reflita sobre o grande potencial da vida humana. Pense em nossa grande capacidade de aprender, fazer e conquistar coisas. Ter tempo e inclinação para meditar significa que você é uma pessoa de sorte em posse de um grande tesouro. Sua vida está repleta de* *oportunidades para alcançar a verdade – a felicidade duradoura – ao aprender a trabalhar com a mente. Agora que você possui essas chaves, basta usá-las. Aprimorar a confiança dessa forma (sentindo-se sortudo e feliz por ter uma oportunidade de transformação mental) pode ensejar uma inspiração exultante que o levará a meditar com maior regularidade.*

Quando estiver pronto para terminar a sessão (geralmente após dez ou quinze minutos), desvie seu foco para o corpo durante alguns momentos, sentindo seu peso sobre a cadeira. Termine com a reflexão de praxe sobre sua intenção compassiva, cultivando o desejo de dedicar sua prática a todos.

Abaixo, apresentamos os demais passos dessa série. Como já mencionado, é bom dedicar uma sessão inteira a cada um deles e estruturar a sessão conforme explicado acima.

Tudo muda *Esse passo tem por objetivo ajudá-lo a ter maior consciência da impermanência. Reflita sobre o fato de que absolutamente tudo muda – nada permanece igual para sempre. Se a felicidade em sua vida depende de coisas não permanentes, ela jamais será longeva. Se você aprender a se voltar para dentro, poderá encontrar a felicidade duradoura. É por isso que a meditação é tão importante.*

Pense em como o tempo é curto e, portanto, é melhor não desperdiçá-lo. Enverede-se pelos caminhos da meditação agora mesmo, em vez de deixar isso para depois.

Ações geram resultados *Contemple como as coisas que você faz, diz e pensa criam hábitos. Esses hábitos fazem com que você se comporte sempre de forma semelhante, gerando efeitos em sua vida e naqueles ao seu redor. Se você treinar a consciência plena, poderá encontrar forças para transformar hábitos negativos e construir de forma consciente outros novos, mais positivos, tornando-se mais ciente de suas ações. Isso trará uma apreciação mais profunda de um modo de vida ético. Lembre-se de que a prática regular da meditação e a inclusão do mindfulness em seu dia a dia ajuda a criar uma vida mais feliz, pois os hábitos diminuirão e você aprenderá a cultivar as sementes da felicidade.*

Felicidade e sofrimento vêm da mente *Para este exercício, faça a si mesmo as questões descritas mais cedo neste capítulo (ver página 200). Explore as respostas que surgirem e aprofunde essas questões um pouco mais a cada vez.*

Por que faço as coisas que faço?
O que quero conquistar?
O que estou fazendo a respeito disso?
Está dando certo?
Quais são as verdadeiras causas da felicidade e do sofrimento?
E quanto à meditação? Como ela está ligada a isso?

2. Meditação celeste

Este exercício funciona melhor ao ar livre ou em frente a uma janela com vista para o céu.

Sente-se confortavelmente com o corpo em uma postura equilibrada e que lhe permita ver o céu. Você pode até se deitar em um jardim ou parque.

Comece a sessão lembrando por que você está meditando: para trazer felicidade e liberdade verdadeiras à sua vida e à dos outros. Dessa forma, você estabelecerá uma intenção compassiva.

Olhe para o céu e repare em suas características. Talvez seja um céu azul limpo, ou quem sabe haja nuvens. No caso de um céu noturno, você vê alguma estrela?

Tente imaginar que sua mente é como o céu: vasta, aberta e ilimitada. Enquanto olha para o céu, sinta sua mente se mesclando a ele – você está "se fundindo" ao céu. Todos os pensamentos, as emoções e as distrações são apenas parte dele, como as nuvens ou as estrelas.

O foco meditativo será o ato em si de olhar para o céu. Lembre-se de piscar sempre que se distrair, retornando sua atenção para o ponto que seus olhos estão fitando – o céu. Olhe para além de todas essas distrações, para dentro do céu infinito.

Não há por que se incomodar com nada. Apenas deixe que seus pensamentos, suas emoções e distrações passem feito nuvens. Você não precisa se ater a eles, pois sua mente – assim como o céu – é maior. As distrações em si são insubstanciais, como as nuvens.

Ao final da sessão, foque em seu corpo por alguns instantes e tome consciência de seu contato com o entorno. Por fim, reitere a intenção compassiva que você estabeleceu no início da sessão – o desejo de trazer felicidade definitiva para os outros e para si mesmo.

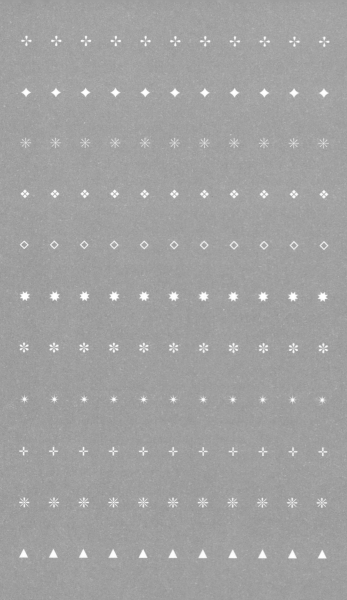